财经类专业"十四五"规划新形态教材

出纳岗位实训

田 静 ◎ 主 编
张红琴 王小巍 李 磊 杨敏捷 龚 爽 ◎ 副主编

立信会计出版社

图书在版编目(CIP)数据

出纳岗位实训 / 田静主编. --上海：立信会计出版社，2025.4. -- ISBN 978-7-5429-7875-2

Ⅰ. F231.7

中国国家版本馆 CIP 数据核字第 2025X5Y343 号

策划编辑	王斯龙
责任编辑	郭　光
助理编辑	周　诠
美术编辑	吴博闻

出纳岗位实训
CHUNA GANGWEI SHIXUN

出版发行	立信会计出版社
地　　址	上海市中山西路 2230 号　　邮政编码　200235
电　　话	(021)64411389　　传　真　(021)64411325
网　　址	www.lixinaph.com　　电子邮箱　lixinaph2019@126.com
网上书店	http://lixin.jd.com　　http://lxkjcbs.tmall.com
经　　销	各地新华书店
印　　刷	浙江天地海印刷有限公司
开　　本	787 毫米×1092 毫米　　1/16
印　　张	10.5
字　　数	150 千字
版　　次	2025 年 4 月第 1 版
印　　次	2025 年 4 月第 1 次
书　　号	ISBN 978-7-5429-7875-2/F
定　　价	39.00 元

如有印订差错，请与本社联系调换

前　　言

随着经济的发展和新信息技术的不断进步,会计行业对专业人才的需求日益增长。特别是出纳岗位,它不仅要求从业人员具备扎实的会计理论知识,还需要掌握实际操作技能和最新的财务管理技术。为了满足这一需求,我们编写了这本《出纳岗位实训》教材,旨在通过对接真实工作内容,培养具备实战能力的出纳专业人才。

本教材采用活页的形式,将出纳岗位的工作分成出纳新手入门、基本功修炼、现金管理和现金收支、账户和银行存款的管理、发票、Excel 的使用、出纳交接、ERP 系统操作与智能软件的使用八个项目。项目一"出纳新手入门",主要介绍什么是出纳、出纳人员的职责和基本素质等内容。项目二"基本功修炼",主要介绍书写数字和货币金额、认识人民币、识别假币等内容。项目三"现金管理和现金收支"介绍现金管理、提取现金、保管现金、支付现金、盘点现金等内容。项目四"账户和银行存款的管理"介绍账户的开通和年检、申请工资代发等内容。项目五"发票"主要介绍识别发票的真伪、认识数电发票和开具数电发票等内容。项目六"Excel 的使用"主要介绍 Excel 中创建函数、常用的函数和 Excel 中的引用等内容。项目七"出纳交接"主要介绍交接前的准备工作、交接阶段、交接结束后和交接表等内容。项目八"ERP 系统操作与智能软件的使用"主要介绍 ERP 系统、豆包、DeepSeek 的使用等内容。

本教材具有以下特色:

(1) 全面覆盖出纳岗位的核心工作:将出纳岗位的工作内容细分为出纳新手入门、基本功修炼、现金管理和现金收支、账户和银行存款的管理、发票、Excel 的使用、出纳交接、ERP 系统操作与智能软件的使用等,具有专业性和实用性。

(2) 采用活页式设计:采用活页式设计,便于教师教学和学生自学。图文并茂,结合多元信息化技术,满足现代学习需求。

(3)配套资源齐全:教材配有相应的教案、课件、练习纸及参考答案;添加二维码,学生扫码即可了解相关内容,提高教学和学习的效率。

本教材主要面向中等职业院校、高职高专院校学生,特别是会计和财务管理专业的学生,同时也适用于出纳人员的入职培训和自学。

本教材由田静担任主编,张红琴、王小巍、李磊、杨敏捷、龚爽担任副主编。主编田静,会计学专业硕士,曾在高校财务处工作9年,有着丰富的实践工作经验。副主编张红琴,教授;王小巍,北京市文化投资发展集团有限公司财务经理;李磊、杨敏捷,讲师;龚爽,中级会计师,曾在高校财务处工作。各项目编写分工如下:项目一由李磊编写,项目二、三、四、八由田静编写,项目五由杨敏捷编写,项目六由王小巍编写,项目七由张红琴、龚爽编写。同时,企业专家李高齐、高校专家王龙梅参与本教材的编写、审核工作,田静负责本教材统稿工作。

本教材的编写得到了浙江衡信教育科技有限公司的大力支持和帮助,在此表示衷心的感谢。

本教材是"北京市职业院校教师素质提高计划资助项目"成果之一。

由于编者水平有限,我们诚恳地希望读者对本教材的疏漏之处给予批评和指正。

编者

2025年1月

目 录

项目一 出纳新手入门 ······ 1
    任务一 出纳概述 ······ 1
    任务二 出纳人员的职责 ······ 2
    任务三 出纳人员的基本素质 ······ 3
    任务四 我国现行会计法规体系 ······ 4
    任务五 出纳人员的职业发展路径 ······ 5
    任务六 会计职称和专业技术资格考试 ······ 7

项目二 基本功修炼 ······ 11
    任务一 书写数字 ······ 11
    任务二 书写货币金额 ······ 12
    任务三 认识人民币 ······ 15
    任务四 识别假币 ······ 16
    任务五 处理假币和损伤币 ······ 21
    任务六 保管人民币 ······ 22
    任务七 点钞 ······ 24
    任务八 使用计算器 ······ 26

项目三　现金管理和现金收支 …… 46

　　任务一　现金管理 …… 46

　　任务二　提取现金 …… 47

　　任务三　保管现金 …… 49

　　任务四　支付现金 …… 51

　　任务五　盘点现金 …… 53

　　任务六　向开户行存入现金 …… 55

　　任务七　违反法律法规的处罚 …… 58

项目四　账户和银行存款的管理 …… 66

　　任务一　账户的开通和年检 …… 66

　　任务二　申请工资代发 …… 69

　　任务三　更改账户法人、银行预留印鉴 …… 70

　　任务四　定活互转 …… 72

　　任务五　支票 …… 74

　　任务六　银行对账 …… 80

　　任务七　银行回单 …… 82

项目五　发票 …… 91

　　任务一　识别发票的真伪 …… 91

　　任务二　认识数电发票 …… 93

　　任务三　开具数电发票 …… 94

项目六　Excel 的使用 …… 123

　　任务一　在 Excel 中创建函数 …… 123

　　任务二　在 Excel 中常用的函数 …… 125

　　任务三　在 Excel 中的引用 …… 126

项目七　出纳交接 ··· 134

任务一　交接前的准备工作 ·· 134
任务二　交接阶段 ·· 135
任务三　交接结束 ·· 136
任务四　移交表 ·· 137

项目八　ERP 系统操作与智能软件的使用 ································ 148

任务一　ERP 系统的使用 ·· 148
任务二　豆包的使用 ·· 151
任务三　DeepSeek 的使用 ··· 153

写给刚入职的你 ·· 156
参考文献 ··· 157

项目一 出纳新手入门

出纳有着较为悠久的历史。据史籍记载,早在西周时代我国就设有专门核算官方财物收支的官职——司会。当时,西周对财物收支采取了"月计岁会"的方法。随着时代的发展,会计越来越壮大,分工也越来越精细,出纳岗位也成为财务工作的重要岗位之一。

任务一 出纳概述

"出"在字典中的解释是跟"入""进"相对,"纳"在字典中的解释是"收入、放进"。在财务中,"出"指的是货币资金的流出,"纳"指的是货币资金的流入。因此,出纳主要是对货币资金进行核算和监督的一种经济管理活动。此岗位的工作人员称为出纳人员。

广义上,出纳是会计的一部分,但狭义上,出纳与会计是不同的经济管理活动。出纳核算和监督企业的货币资金,如库存现金、银行存款、有价证券等,会计核算和监督企业的各种账项。出纳和会计既互相依赖又互相牵制。

出纳与会计是相互依赖的。出纳人员提供给会计人员原始的现金和银行单据,会计人员据此做账。出纳人员填制的现金日记账和银行存款日记账与会计人员填制的现金总分类账和银行存款总分类账等必须要相等。

出纳人员负责企业的票据、货币资金、有价证券等的收付、保管、核算。会计人员负责企业的总账、明细账,为企业的经济管理和经营决策提供全面、详细的明细资料。《中华人民共和国会计法》(2024年修正,以下简称《会计法》)第三十五条第二款规定:"出纳人员不得兼任稽核、会计档案保管和收入、费用、债权债务账目的登记工作。"出纳岗位和会计岗位是不相容的两个岗位,不能由同一人兼任,不能违背财务"钱账分管"的原则。出纳人员负责的现金、有价证券在保险柜中进行保管,出纳人员办理银行存款的收付、结算。除了出纳人员,其他会计人员是不允许接触现金、银行存款、有价证券的。出纳人员直接参与经济活动,比如结算货款,其他会计人员一般不直接参与经济活动过程,而是只对其进行反映和监督。

任务二　出纳人员的职责

出纳人员具有以下职责:

(1)办理现金收付和银行结算业务。出纳人员应严格遵守现金开支范围,不在现金结算范围的,不得使用现金收付;遵守库存现金限额,超过限额的现金,应该及时送存银行;现金要做到日清月结,每日下班前应核对账面余额与库存现金,发现问题及时查对;银行存款日记账与银行对账单也要及时进行核对,如有不符,应通知银行。

(2)审核原始凭证,办理收付业务。根据规定,出纳人员在办理现金和银行存款的收付业务时,应严格审核相关原始凭证。

(3)随时查询银行存款余额,不得签发空头支票,不出租、出借银行账户。这是出纳人员必须遵守的一条纪律,也是防止经济犯罪、维护经济秩序的重要事项。

(4)按照国家相关制度,办理外汇出纳业务。外汇业务是政策性很强的工作,随着国际经济交往日益频繁,外汇出纳也越来越重要。出纳人员应熟悉国家外汇管理制度,及时办理结汇、购汇、付汇,避免国际外汇损失。

(5)保证库存现金、各种有价证券的安全与完整。出纳人员必须确保现金、有价证券不被盗窃、丢失或损坏,这是出纳人员的基本职责之一,也是非常重要的职责。一旦库存现金、有价证券丢失，出纳人员要进行赔偿，情节严重的，还会受到法律制裁。

（6）负责现金日记账、银行存款日记账的登记工作，不得负责收入、费用、债权债务等账目的登记工作。出纳人员的核心职责之一是记录所有现金和银行存款的收付情况。这包括记录每一笔收入和支出的详细信息，如交易日期、金额、交易对象和交易性质等。

（7）保管有关印章、空白收据和空白支票。出纳人员必须高度重视单位的印章、空白收据和空白支票，并严格规定用途。如发生短缺，出纳人员要进行赔偿。

（8）不得兼管稽核和会计档案保管。这是为了确保内部控制的有效性、提高审计质量、保护财务数据的安全和完整性，以及遵守相关的财务和会计法规。

任务三　出纳人员的基本素质

做好出纳工作并不是一件非常容易的事情，出纳人员需要具备以下基本素质。

1. 学习规章制度的能力

财务工作有很多规定，如《会计法》《会计人员管理办法》《人民币银行结算账户管理办法实施细则》《中华人民共和国发票管理办法实施细则》等，各个企业也有自己的规章制度。出纳人员一定要认真研读法律法规、规章制度，并做到时时翻看，这些法律法规、规章制度就是工作的要求。

2. 能够苦练业务技能

出纳人员有很多需要操作技巧的工作，需要多加练习才能"熟能生巧"，如点钞、加总数据、填写单据等。就像银行前台人员需要考核点钞技术一样，出纳人员也要能够熟练、准确地清点钞票，准确地填写单据。

3. 强烈的安全意识

出纳人员直接保管企业的现金、银行存款、有价证券、印鉴、空白支票等，一定要有非常强烈的安全意识。例如,去银行提取现金时,如果涉及金额比较大,必须要有专车,或者要求安保人员陪同;保险柜的密码不能告诉其他人;不能将保险柜的钥匙、印鉴、支票随手放在桌面,人离开,就要把物品收好。

4. 遵守职业道德

2023年1月12日,财政部财会〔2023〕1号文件发布《会计人员职业道德规范》,明确了会计人员应该遵循的职业道德:

坚持诚信,守法奉公。牢固树立诚信理念,以诚立身、以信立业,严于律己、心存敬畏。学法知法守法,公私分明、克己奉公,树立良好职业形象,维护会计行业声誉。

坚持准则,守责敬业。严格执行准则制度,保证会计信息真实完整,勤勉尽责、爱岗敬业,忠于职守、敢于斗争,自觉抵制会计造假行为,维护国家财经纪律和经济秩序。

坚持学习,守正创新。始终秉持专业精神,勤于学习,锐意进取,持续提升会计专业能力。不断适应新形势新要求,与时俱进、开拓创新,努力推动会计事业高质量发展。

任务四 我国现行会计法规体系

我国现行的会计法律规范体系由会计法律、会计法规和全国统一的会计制度三个层次组成。

1. 会计法律

《会计法》是我国会计法律体系的最高层次,是制定其他会计法律的依据。我国现行《会计法》于2024年6月28日第十四届全国人民代表大会常务委员会第十次会议进行第三次修正,自2024年7月1日起施行。

2. 会计法规

会计法规可以分为会计行政法规、地方性会计法规等。会计行政法规由国务院制定或由国务院有关部门拟定国务院批准发布,在法律效力上仅次于《会计法》,如《企业财务会计报告条例》《中华人民共和国人民币管理条例》等。

3. 全国统一的会计制度

全国统一的会计制度是由财政部制定的规范性文件。其中最为重要的是国家统一的会计准则。会计准则具有严密和完整的体系。我国颁布的会计准则有《企业会计准则》《小企业会计准则》和《政府会计准则》等。

(1) 我国的企业会计准则体系包括基本准则、具体准则、应用指南和解释。2006年2月15日,财政部发布了《企业会计准则》,自2007年1月1日起施行。2014年7月23日财政部对《基本准则》进行了修改。目前发布了42个具体准则、1个应用指南和18个解释。

(2) 2011年10月18日,财政部发布了《小企业会计准则》,自2013年1月1日起施行。《小企业会计准则》适用于在中华人民共和国境内依法设立的、符合《中小企业划型标准规定》所规定的小型企业标准的企业。

(3) 我国的政府会计准则体系包括基本准则、具体准则、应用指南和制度解释。2015年10月23日,财政部发布了《政府会计准则——基本准则》,自2017年1月1日起施行。该准则主要对政府会计目标、会计主体、会计信息质量要求、会计核算基础,以及会计要素定义、确认和计量原则、列报要求等做出规定。

任务五　出纳人员的职业发展路径

出纳人员的职业发展路径通常可以从初级岗位逐步晋升到高级管理岗位,以下是较为常见的发展路径。

1. 初级阶段

(1) 出纳专员。这是出纳人员的基础岗位,主要负责企业日常的现金收付、银行结算业务,保管库存现金、有价证券、财务印章及有关票据等工作。出纳专员需要熟悉国家有关现金管理和银行结算制度,严格遵守相关规定,确保资金收付的准确与安全。

(2) 往来结算出纳。在积累了一定的现金和银行结算经验后,出纳专员可以向往来结算方向发展。往来结算出纳主要负责与供应商、客户等进行往来款项的核对与结算,编制往来账款报表,协助清理和催收欠款等工作。这要求出纳人员具备更强的沟通协调能力和数据处理能力,能够准确记录和跟踪往来款项的变动情况。

2. 中级阶段

(1) 资金专员。资金专员的工作重点在于企业资金的管理与运作。除了日常的资金收付,资金专员还需要参与资金预算的编制与执行、资金的调度与安排,分析企业的资金流动状况,为企业的资金决策提供支持。这需要出纳人员具备一定的财务分析能力和资金管理意识,能够从整体上把握企业的资金状况。

(2) 会计助理。出纳人员可以凭借对财务基础工作的熟悉,转型为会计助理。会计助理主要协助会计人员进行账务处理,如凭证的整理与录入、账簿的登记、财务报表的编制等工作。通过这个岗位,出纳人员能够更深入地了解企业的财务核算体系,学习会计专业知识和技能,为进一步晋升为会计人员打下基础。

3. 高级阶段

(1) 会计主管。当出纳人员在会计领域积累了丰富的经验和专业知识后,可以晋升为会计主管。会计主管负责领导和管理会计团队,组织和监督企业的财务核算工作,制定和完善财务管理制度与流程,审核财务报表,参与企业的财务决策等。会计主管需要具备较强的财务管理能力、团队领导能力和问题解决能力,能够确保企业财务工作的顺利进行。

(2) 财务经理。财务经理是企业财务管理的核心岗位之一,负责全面规划和管理企业的财务工作,包括制定财务战略,进行财务预算与成本控制,筹集和调配企业资金,参与企业的重大投资、融资决策等。财务经理需要具备宏观的财务视野、敏锐的市场洞察力和卓越的领导能力,能够为企业的发展提供有力的财务支持和决策依据。

(3) 财务总监。财务总监是企业财务领域的最高职位。财务总监参与企业的战略规划和重大决策,负责建立和完善企业的财务体系,领导财务团队为企业创造价值。财务总监需要具备深厚的财务专业知识、丰富的行业经验和出色的战略思维能力,能够从全局角度把握企业的财务状况和发展方向,为企业的长期稳定发展提供战略指导。

此外,出纳人员也可以选择在积累一定经验后进入金融机构,从事相关的基础金融业务工作,或者专注于某一领域,如税务筹划、内部控制等,成为该领域的专业人才。

任务六　会计职称和专业技术资格考试

会计人员的职称主要有助理会计师、会计师、高级会计师、正高级会计师。其中,助理会计师是初级职称,会计师是中级职称,高级会计师和正高级会计师是高级职称。

1. 职称评价标准

会计人员职称评价基本标准条件有:①遵守《会计法》和国家统一的会计制度等法律法规。②具备良好的职业道德,无严重违反财经纪律的行为。③热爱会计工作,具备相应的会计专业知识和业务技能。④按照要求参加继续教育。⑤会计人员参加各层级会计人员职称评价,除必须达到上述标准条件外,还应分别具备以下标准条件:

会计专业技术资格的人员应当自取得会计专业技术资格的次年开始参加继续教育,并在规定时间内取得规定学分。继续教育内容包括公需科目和专业科目。会计专业技术人员参加继续教育实行学分制管理,每年参加继续教育取得的学分不少于90学分。其中,专业科目一般不少于总学分的2/3。会计专业技术人员参加继续教育取得的学分,在全国范围内当年度有效,不得结转以后年度。对会计专业技术人员参加继续教育情况实行登记管理。

2. 考试科目

初级会计资格考试科目包括初级会计实务和经济法基础。初级会计实务科目考试时长为 105 分钟，经济法基础科目考试时长为 75 分钟，两个科目连续考试，时间不能混用。

会计中级资格考试科目包括财务管理、经济法、中级会计实务。财务管理和经济法科目考试时长均为 150 分钟，中级会计实务考试时长为 180 分钟。参加中级资格考试的人员须在连续两个考试年度内通过三个科目的考试，方可获得中级资格证书。对于已获得国务院教育行政部门认可的境内会计硕士、博士专业学位的人员，申请免试财务管理科目。

高级会计资格考试科目为高级会计实务。考试时长为 210 分钟。考试大纲一般在财政部官网公布。参加高级资格考试并达到国家合格标准的人员，方可获得考试成绩合格证。

出纳工作不仅是财务管理的基础，也是企业诚信经营的体现。作为出纳新手，要认识到每一张钞票、每一张票据背后承载的是国家的经济秩序和企业的社会责任。通过精确的核算和监督，我们维护的是市场经济的健康发展和国家金融的安全稳定。让我们以诚信为本，以法为纲，为构建和谐社会贡献青春力量。

 项目一练习纸 1-1

单选题

1. 出纳岗位的主要工作内容是（   ）。

    A. 核算和监督企业的货币资金

    B. 负责企业的总账、明细账

    C. 管理企业的固定资产

    D. 负责企业的人力资源管理

2. 出纳与会计的主要区别是（   ）。

    A. 出纳直接参与经济活动，会计不参与

    B. 会计直接参与经济活动，出纳不参与

    C. 出纳和会计都是核算和监督企业的货币资金

    D. 出纳和会计没有区别

3. 出纳人员不得兼管（   ）。

    A. 稽核、会计档案保管和收入、费用、债权债务账目的登记工作

    B. 总账、明细账的登记工作

    C. 货币资金的收付工作

    D. 有价证券的保管工作

4. 出纳人员的职责是（   ）。

    A. 办理现金收付和银行结算业务　　B. 编制财务报表

    C. 进行成本核算　　　　　　　　　D. 管理固定资产

5. 出纳人员应具备的基本素质不包括（   ）。

    A. 学习规章制度的能力

    B. 能够苦练业务技能

C. 强烈的安全意识

D. 进行市场分析的能力

6. 出纳人员负责的现金、有价证券应（　　）。

  A. 在保险柜中进行保管   B. 放在办公桌上

  C. 随意存放   D. 交给其他会计人员

7. 出纳人员不得负责（　　）的登记工作。

  A. 现金日记账   B. 银行存款日记账

  C. 收入账目   D. 支票

8. 出纳岗位和会计岗位的关系是（　　）。

  A. 出纳岗位和会计岗位是同一岗位

  B. 出纳岗位和会计岗位是不相容的两个岗位

  C. 出纳岗位是会计岗位的一部分

  D. 会计岗位是出纳岗位的一部分

9. 以下说法错误的是（　　）。

  A. 出纳人员每日下班前应盘点库存现金

  B. 出纳人员不需要审核原始凭证

  C. 出纳人员不得出租、出借账户

  D. 出纳人员要保管好印章、空白收据、空白支票

10. 以下关于出纳人员应遵守的职业道德的说法中,不正确的是（　　）。

  A. 坚持诚信,守法奉公

  B. 坚持准则,守责敬业

  C. 坚持学习,守正创新

  D. 出纳人员不是会计人员,只要认真工作就行了

项目二 基本功修炼

出纳人员的基本功是在平时工作中就会用到的,要做好出纳工作,必须有扎实的基本功。但是出纳人员的基本功不是一朝一夕就能练好的,需要在实际工作中有意识地练习,一步一步地提高自己的水平。

任务一 书写数字

一、书写小写数字

财务中小写数字(阿拉伯数字)0、1、2、3、4、5、6、7、8、9 的书写是非常特殊的,需要专门练习才能写好。阿拉伯数字的书写要点如下:

(1) 书写数字要工整、不得连笔,要大小均衡,排列整齐。

(2) 每个数字要紧靠底线书写,字体高度占行格的 1/2 或 1/2 以下,不要写满格,留出改错的空间。

(3) 书写 0、6、8、9 时,圆圈要封口。

(4) 6 的书写要比一般数字向右上方长出 1/4,7 和 9 的书写要比一般数字向右下方(过底线)长出 1/4,7 和 9 的书写要超过底线。

(5) 数字要自右上方向左下方倾斜约 45 度。

小写数字书写方法如图 2-1 所示。

图 2-1　小写数字书写方法

二、书写大写数字

财务中用到的大写数字有：壹、贰、叁、肆、伍、陆、柒、捌、玖、拾、佰、仟、万、亿、元、角、分、零、整。

大写数字书写方法如图 2-2 所示。

壹 贰 叁 肆 伍 陆 柒 捌 玖 零 拾 佰 仟 万 亿 元 整

图 2-2　大写数字书写方法

大写数字的书写要点如下：

（1）书写大写数字要工整、不得连笔。

（2）大写数字要规范，不得使用非国务院公布的简化字、谐音字、自造符号等不规范汉字。

（3）不得用"毛"代替"角"，不得用"另"代替"零"。

任务二　书写货币金额

一、书写货币小写金额

1. 在没有数位分割线的表单上书写货币小写金额

（1）阿拉伯金额数字前应有货币符号或货币名称简写，货币符号和阿拉伯数字之间不得留有空白。如果阿拉伯数字之前写出货币币种符号，数字后面不再写货币单位。

> **例：** ￥5 000.00　这个书写是正确的。
>
> ￥　5 000.00　这个书写是错误的，因为人民币符号和阿拉伯数字之间留有空白。
>
> ￥5 000.00元　这个书写是错误的，因为阿拉伯数字之前有人民币符号，数字后面不用再写"元"字。

（2）除表示单价之外，其他货币小写一律写到角和分；没有角和分的，角位和分位可写出"00"或"—"；有角无分的，分位应当写出"0"，不得用"—"代替。

> **例：** ￥5 000.—　这个书写是对的。
>
> ￥5 000.0—　这个书写是错误的，因为有角无分的货币小写，分位要写"0"，不能用"—"代替。

2. 在有数位分割线的表单上书写货币小写金额

（1）对应固定的位数填写，不得错位。

（2）只有分位有金额的，在元和角位上不用写"0"。只有角位和分位有金额的，在元位上不写"0"。

> **例：** 0.06元应写为：
>
> | 十 | 万 | 仟 | 佰 | 拾 | 元 | 角 | 分 |
> |---|---|---|---|---|---|---|---|
> | | | | | | | | 6 |
>
> **例：** 0.16元应写为：
>
> | 十 | 万 | 仟 | 佰 | 拾 | 元 | 角 | 分 |
> |---|---|---|---|---|---|---|---|
> | | | | | | | 1 | 6 |

（3）分位是"0"的，在分位上写"0"；角位、分位都是"0"的，在角位、分位上分别写一个"0"。

例：5.00元应写为：

十	万	仟	佰	拾	元	角	分
					5	0	0

二、书写货币大写金额

货币大写金额的书写要点：
(1) 大写金额要紧靠"人民币"三个字，不得留有空白。

例：人民币伍仟元整　这个书写是正确的。

人民币　伍仟元整　这个书写是错误的，"伍"字要紧靠"人民币"书写，不得留有空白，防止数字被篡改。

(2) 大写金额数字到"元"或"角"的，在"元"或"角"后写"整"字；大写金额有"分"的，"分"后面不写"整"字。

例：￥5 123.20　写作：人民币伍仟壹佰贰拾叁元贰角整。
　　￥5 123.21　写作：人民币伍仟壹佰贰拾叁元贰角壹分。

(3) 阿拉伯金额数字中间有"0"时，汉字大写金额要写"零"字。

例：￥5 023.21　写作：人民币伍仟零贰拾叁元贰角壹分。

(4) 阿拉伯金额数字元位是"0"的，或者数字中间连续有几个"0"、元位是"0"、角位不是"0"时，汉字大写金额可以只写一个"零"字，也可以不写"零"字。

例：￥5 120.21　写作：人民币伍仟壹佰贰拾元贰角壹分，或者人民币伍仟壹佰贰拾元零贰角壹分。

￥5 000.21　写作：人民币伍仟元贰角壹分，或者人民币伍仟元零贰角壹分。

（5）阿拉伯金额数字最高位是"1"的，汉字大写金额加写"壹"字。

例：￥151 123.21　写作：人民币壹拾伍万壹仟壹佰贰拾叁元贰角壹分。

（6）在印有金额万、仟、佰、拾、元、角、分的表单上书写大写金额时，金额前面如有空位，可画"⊗"注销。阿拉伯数字中间有几个"0"（含分位），汉字大写金额就写几个"零"字。

例：￥200.20，应写作：

人民币:⊗万⊗仟贰佰零拾零元贰角零分

任务三　认识人民币

截至2025年1月，我国一共发行了五套人民币，目前流通的是第五套人民币。第五套人民币是在中华人民共和国成立50周年时，根据中华人民共和国国务院第268号令，由中国人民银行陆续发行的。根据中低面额主币在市场流通中承担大量找零角色的状况，第五套人民币增加了20元面额，取消了2元面额，使面额结构更加合理，如表2-1和表2-2所示。

表2-1　　　　　　　　　第五套人民币纸币一览表

券别	图案		主色调
	正面	背面	
100元纸币	毛泽东头像	人民大会堂	红色
50元纸币	毛泽东头像	布达拉宫	绿色
20元纸币	毛泽东头像	桂林山水	棕色
10元纸币	毛泽东头像	长江三峡	蓝黑色
5元纸币	毛泽东头像	泰山	紫色
1元纸币	毛泽东头像	西湖	橄榄绿

表 2-2 第五套人民币硬币一览表

券别	图案	
	正面	背面
1元硬币	行名、面额、拼音、年号	菊花
5角硬币	行名、面额、拼音、年号	荷花
1角硬币	行名、面额、拼音、年号	兰花

第五套人民币图样

任务四 识别假币

随着科技的发展,不法分子制作假币的手段越来越多,假币也越来越不容易分辨。但是假的始终是假的,只要平时多留心,识别假币也并不难。

识别假币主要有以下几种方法:

(1)看裁切和粘贴痕迹。根据裁切和粘贴痕迹,票面可以分为若干个相对完整的区域,接着分别检查每个区域中的防伪特征,从而判断出此人民币是否由真假票面粘贴而成,真假票面粘贴样如图 2-3 所示。

图 2-3 真假票面粘贴样

(2)检查水印。水印是内含在纸张中的,与纸张融为一体。第五套人民币的水印防伪特征如表 2-3 所示。

表 2-3　　　　　　　　　　第五套人民币水印防伪特征

防伪特征	100元	50元	20元	10元	5元	1元
固定人像水印	○	○	—	—	—	—
固定花卉水印	—	—	○	○	○	○

注：表中"○"表示有，"—"表示无。

首先，面对光源，在透光状态下观察水印图案。真币上的水印图案具有很强的立体感，人物神态栩栩如生；而假币上的水印图案则显得较为平淡，人物表情较为呆板，真假币水印图案对比如图 2-4 所示。

图 2-4　真假币水印图案对比

其次，面对光源，将钞票置于水平位置，在不透光条件下假币从正面或者背面的水印窗位置能够观察到清晰的水印图案，并且颜色较深，而真币此时是看不到水印图案的，假币水印如图 2-5 所示。

图 2-5　假币水印

最后，检查票面左侧纸张是否异常。假币水印图案附近的纸张明显偏厚，透光状态下观察，比右侧票面明显偏暗；被揭开而又被粘贴在一起的假币纸张，仔细观察会发现多有褶皱感。

（3）检查会变色的面额数字。如图2-6所示，纸币在光线照射时，从不同的角度观察，会看到截然不同的面额数字颜色。这种印刷特征是其他任何油墨和印刷方式都无法仿制的。

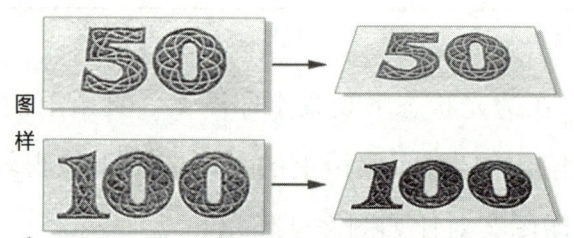

图2-6　会变色的面额数字

（4）检查对印图案。对光源透光观察，看正、背面两幅图案是否能够精确地对接，对印图案如图2-7所示。若为假币，则正、背面的两幅图案会出现错位现象。第五套人民币的对印图案在不同版别中的应用如表2-4所示。

图2-7　对印图案

表2-4　　　　　　　　第五套人民币对印图案在不同版别中的应用

防伪特征	100元		50元		20元		10元		5元		1元
	1999年版	2005年版	1999年版	2005年版	1999年版	2005年版	1999年版	2005年版	1999年版	2005年版	1999年版
对印图案	○	○	○	○	—	○	○	○	—	—	—

注：表中"○"表示有，"—"表示无。

（5）触摸凹印图案。雕刻凹印属于当前最有效的防伪技术之一。

先用手指触摸的方式检查图案"触感"。第五套人民币正面包括毛泽东头像、面额数字、中国人民银行行名、国徽、盲文符号、凹印手感线以及背面主景，如图2-8所示，用手指触摸这些图案时会感觉到很强的凹凸感；而假钞如果采用普通胶印技术印刷,触摸时会感觉票面光滑。

图2-8　凹印图案

然后,面对光源将票面置于水平位置,检查凹印图案的正、背面是否有机械或硬质工具挤压痕迹,若有,则为假币。

(6)检查隐形文字。第五套人民币各券别票面的正面右上方都有一个装饰图案。当我们从垂直方向观察票面时,看不到其中隐藏的内容,而当我们将票面翻转至一定角度时,这张钞票的面额数字就会显现出来,隐形文字如图2-9所示。

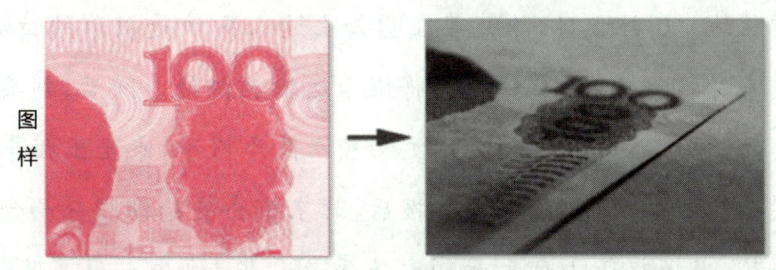

图2-9　隐形文字

(7)借助放大镜。借助放大镜检测票面上的缩微文字。第五套人民币各券别的纸币都在多处印有缩微文字,例如我们可以在100元、50元、10元和5元纸币的正面上方以及20元纸币的正面右侧和下方找到它们,微缩文字如图2-10所示。而假币上的缩微文字则模糊不清。

(8)使用验钞机。利用钞票的荧光反应来检测纸币的真伪。这种类型的机器多为小型简易式的,价格便宜,企业出纳部门购置比较实用。

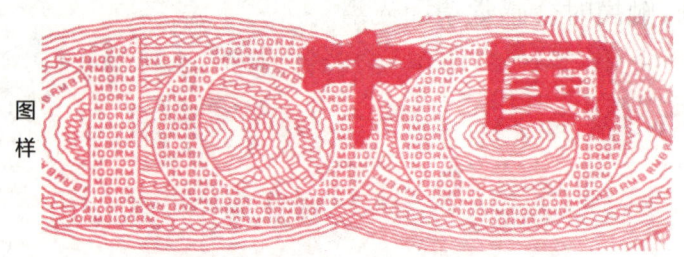

图 2-10 微缩文字

防伪视频：2019 版

【新手提示】

如果你作为刚刚入职的出纳，遇到可疑的人民币，不能确定是真币还是假币的时候，可以请求同事帮忙，或者请业务经办人更换纸币。

假币案例

刘某某等人运输假币案

2020 年 5 月，被告人刘某某指使被告人陈某某将总面额为 49.97 万元的 100 元面额假人民币，从河南省潢川县运输至北京市朝阳区刘某某与被告人唐某某的暂住地。6 月 1 日，陈某某在明知上述人民币是假币的情况下，通过乘坐长途汽车并换乘出租车的方式，将假币运输至该地。随后，刘某某从该暂住地携带总面额为 9.99 万元的 100 元面额人民币假币，乘坐出租车前往北京市大兴区某小区。当晚，接到群众举报后，北京市公安局朝阳分局金盏派出所将刘某某抓获，当场起获 100 元面额人民币 999 张；被告人唐某某、陈某某在暂住地被抓获，当场起获 100 元面额人民币共计 1.41 万张。

裁判结果：2020 年 12 月 29 日，北京市第三中级人民法院认为，被告人刘某某的行为构成运输假币罪、持有假币罪，判处有期徒刑 17 年，剥夺政治权利 5 年，并处罚金人民币 25 万元；被告人陈某某的行为构成运输假币罪，判处有期徒刑 11 年，剥夺政治权利 2 年，并处罚金人民币 11 万元；被告人唐某某的行为构成持有假币罪，判处有期徒刑 10 年 6 个月，剥夺政治权利 2 年，并处罚金人民币 10 万元。

此案涉案假币虽未流入市场，但刘某某及团伙贩运、持有假币数额特别巨大，社会危害性极大。

张某某使用假币案

2020年9月1日至11日，被告人张某某随身携带数张相同冠字号的百元面额假币，于每日清晨驾车从其暂住地出发，向江苏省启东市近海镇方向行驶，沿途中物色出售毛豆的老年农户，假意收购毛豆与农户进行交易，使用上述假币支付货款，得逞后立即驾车驶离现场，并于同日上午将收购的毛豆出售给他人，后于同日中午时分返回其暂住地。张某某采用上述手段，先后向被害人周某某、陈某某等19人使用假币，合计47张，总面额4 700元人民币。2020年9月11日上午，张某某意欲再次实施违法犯罪行为时被警方抓获。

裁判结果：2020年12月24日，江苏省启东市人民法院以使用假币罪判处被告人张某某有期徒刑9个月，并处罚金人民币1万元。

此案件中，张某某是假币贩子，多次因持有、使用假币罪被公安机关刑事拘留，屡教不改，常年以此为生。

任务五　处理假币和损伤币

1. 处理假币

出纳员在日常工作中一旦发现假钞票就应当场予以没收，没收的假钞一律上缴银行。如一时难以确定真假，可给持票人开临时收据，然后将可疑票币送银行鉴定。假钞绝不允许继续流通，如发现假钞仍有意继续使用，则属于违法行为，将被依法追究刑事责任。如发现有人倒卖假钞或用假钞套取真钞，应随时向公安机关报告。《中华人民共和国人民币管理条例》规定：单位和个人持有伪造、变造的人民币的，应当及时上交中国人民银行、公安机关或者办理人民币存取款业务的金融机构；发现他人持有伪造、变造的人民币的，应当立即向公安机关报告。

2. 处理损伤币

人民币在长期商品交换中，有的纸质松软，有的票面脏污，有的磨损或残缺。人们习惯称之为"破钱"，银行术语称之为"损伤券"。即使是已经变旧、变脏，甚至已经破损的人民币仍然可以在商品交换中起到价值职能，一样得到社会的承认。为提高人民币的整洁度，银行出纳部门按照中国人民银行的有关规定，在收入现金过程中，要积极主动办理损伤人民币的挑剔、兑换和回收工作。作为出纳，在办理现金收付、整点票币时，应随时把损伤票币挑剔出来，以配合银行部门的工作。

根据《中国人民银行残缺污损人民币兑换办法》的规定，能辨别面额，票面剩余3/4（含3/4）以上，其图案、文字能按原样连接的残缺、污损人民币，金融机构应向持有人按原面额全额兑换；能辨别面额，票面剩余1/2（含1/2）以上，其图案、文字能按原样连接的残缺、污损人民币，金融机构应向持有人按原面额的一半兑换。

【新手提示】

因为"能辨别面额，票面剩余3/4（含3/4）以上，其图案、文字能按原样连接的残缺、污损人民币"可以向银行进行兑换，所以，作为新手出纳，不要害怕收到残缺、污损的人民币。

在我国有过年包红包的习俗，作为单位经常接触钞票的出纳，可以在过年前一两个月向银行预约新钞票，将现有旧的钞票换成新的，如果业务经办人、单位同事有需要，可以给同事换新钞票，方便别人的同时，也给自己树立了良好的形象。

任务六　保管人民币

人民币是我国的法定货币，根据《中华人民共和国人民币管理条例》，禁止下列损害人民币的行为：

（1）故意毁损人民币。

（2）制作、仿制、买卖人民币图样。

（3）未经中国人民银行批准,在宣传品、出版物或者其他商品上使用人民币图样。

（4）中国人民银行规定的其他损害人民币的行为。

出纳人员保管人民币的一些关键措施：

（1）防褪色。避免人民币在阳光下暴晒,也不要使用碱性或酸性液体清洗,以防纸币褪色,因为一旦褪色,一般无法弥补。

（2）防火灾。纸币保存要远离火源、电源,也不要和易燃易爆物品放在一起,最好保存在保险柜中。

（3）防折污。人民币最好装在特制的透明薄膜袋内后,再装入集币册中。对于有轻度软折的人民币,可以平整地放在书中,压上重物,几天后就会平整。明显硬折的人民币,可以在水中浸泡后放在吸水纸中间,用玻璃压紧,干后皱迹即除。

（4）防虫蛀。保持人民币干燥和通风可以有效避免虫蛀。长期保存的人民币要定期翻阅,可以及时发现人民币的变化。如果发现虫蛀现象要及时处理,并注意防止被老鼠咬。

（5）防潮防霉。防潮是防霉变的根本,人民币的最佳存放温度为18℃至20℃,最佳保存湿度是50%~60%。一旦发霉,就要清理掉霉点,严重时可以泡在加了少量盐的鲜牛奶中,之后用清水浸泡,用吸水纸吸干。最便捷的方法是拿到银行去更换。

（6）安全保管。出纳人员必须确保库存现金的安全,这包括使用保险柜、点钞机等机具,并建立使用保管制度,经常对机具进行检查、保养和维修。

（7）入库记录。凡入库的现金都必须有账记载,出入库须填制出入库票,确保现金流动的可追溯性。

（8）禁止挪用。严禁挪用库存现金,坚持查库制度,做到账实相符。

人民币票券本身是国家的宝贵财产,所以,我们大家有义务保护好自己经手管理的人民币,尽可能地延长它的使用寿命。任何单位和个人都无权故意毁损人民币。使用时要避免污染或毁损。单位备用的人民币要整理好,平整存放在保险柜中,不得乱堆、乱翻。不要在人民币的票面上写字、做记号。有些出纳为了自己清点方便,喜欢在成捆的钞票上画记号、写数字,这是一种不良习惯。记号应该作在捆钞的纸条上,或者另外夹进一个字条加以说明。

任务七 点 钞

新手出纳刚开始工作的时候,一般很羡慕有经验的出纳员娴熟快速的点钞手法。准确而快速地清点钞票,是出纳的基本功。

1. 正确的点钞姿势

上身坐直,眼睛和钞票保持20~25厘米的距离,不要离得太远或者拿得太近。点钞的时候因为要靠手、腕、肘、臂配合,所以应把手臂放在桌子上,借助桌子来减轻腕、肘、臂的劳动强度,特别是点钞量比较大的时候,其省力效果明显,点钞姿势如图2-11所示。

图2-11 点钞姿势

2. 最常用的点钞方法:手持式单指单张点钞法

(1)左手拿着钞票,左手手心朝下,拇指按住钞票正面的左端中央,食指、中指、与拇指一起捏住钞票。

(2)左手无名指卷曲,捏起钞票后小拇指伸向钞票正面压住钞票左下方。

(3)左手中指稍用力,与无名指、小拇指一起紧卡钞票。

（4）左手食指伸直，拇指向上移动，按住钞票的侧面，将钞票压出一定的弧度。

（5）左手将钞票从桌面上擦过，钞票翻转，拇指将钞票撑成微开的扇面并斜对自己面前。

（6）右手的指头可以蘸点水，用拇指尖向下捻动钞票右下角，食指在钞票背面配合拇指捻动。

（7）用右手无名指将捻起的钞票往怀里弹，然后一边点一边计数。

（8）点钞计数的时候最好使用单数分组计法，即计数的时候，按1、2、3、4、5、6、7、8、9、1(10)、1、2、3、4、5、6、7、8、9、2(20)……的循环来分组计数。

（9）点完整数之后，每100张扎成一捆。具体操作方法：把钞票码齐横放，左手拇指在钞票最前面，其他手指在后面，捏住钞票1/3处，把钞票用左手拇指压成弓形，将捆钞纸一端用左手食指压在钞票背面，纸条绕钞票一圈半，纸条另一端留在票面正面弓形的凹陷处向内折成一个等腰直角三角形，把弓形钞票平展，一捆钞票便捆好了。

注意，如果在开始的时候点钞速度比较慢，不要着急，一定要准确。熟能生巧，在工作中练习的次数越多，越可以更好地掌握这项技术。

3. 捆扎钞票

点钞完毕后需要对所点钞票进行扎把，通常是100张捆扎成一把，最常用的捆扎方式是缠绕式，这种方式需使用牛皮纸腰条，其具体操作方法介绍如下：

（1）将点过的钞票100张墩齐。

（2）左手从长的方向拦腰握着钞票，使之成为瓦状（瓦状的幅度影响扎钞的松紧，在捆扎中幅度不能变）。

（3）右手握着腰条头将其从钞票的长的方向夹入钞票的中间（离一端1/3至1/4处）从凹面开始绕钞票两圈。

（4）在绕到钞票转角处将腰条向右折叠90度，将腰条头绕捆在钞票的腰条转两圈打结。

（5）整理钞票。

任务八 使用计算器

计算器是财务人员必备的工具。在工作中经常用的计算器样式如图2-12所示。

图2-12 计算器样式

图2-12中两款计算器,大小不同,左边的一款稍小、右边的一款稍大,出纳员可以根据自己手掌的大小、习惯来选择合适自己的计算器。虽然出纳员使用计算器的技能不要求像银行柜员那么高,但是,熟练地使用计算器是提高工作效率、树立工作自信的技能之一。

参照图2-13,大拇指控制"退位键""清除键"和"归零键",食指控制"0""1""4"和"7"键,中指控制"00""2""5"和"8"键,无名指控制"."" 3""6"和"9"键,小拇

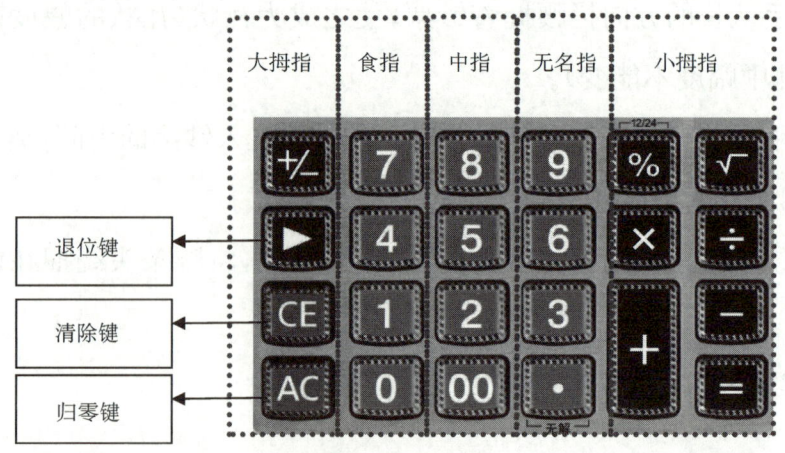

图2-13 手指分工

指控制"＋""－"和"＝"键。如果希望能够熟练地加总数据,需要刻苦练习。

思政小课堂

　　基本功的修炼是出纳工作的基础,也是职业精神的体现。在数字书写、货币识别等技能的磨练中,我们不仅会提升个人的专业能力,更会在实践中领悟到精益求精、追求卓越的工匠精神。这不仅是对个人职业生涯的负责,也是对国家财经纪律的坚守。让我们在平凡的岗位上,以扎实的基本功,展现不平凡的职业风采。

项目二练习纸 2-1

单选题

1. 在财务中,阿拉伯数字的书写要点不包括(　　)。

    A. 书写数字要工整、不得连笔

    B. 每个数字要紧靠底线书写

    C. 书写"6"时,圆圈要开口

    D. 数字要自右上方向左下方倾斜约 45 度

2. 在财务中,大写数字的书写要点不包括(　　)。

    A. 书写大写数字要工整、不得连笔

    B. 大写数字要规范,不得使用非国务院公布的简化字

    C. 可以用"毛"代替"角"

    D. 不得用"另"代替"零"

3. 在没有数位分割线的表单上书写货币小写金额时,以下错误的是(　　)。

    A. 阿拉伯金额数字前应有货币符号或货币名称简写

    B. 除表示单价外,其他货币小写一律写到角和分

    C. 有角无分的,分位应当写出"0"或"—"

    D. 没有角和分的,角位和分位可写出"00"或"—"

4. 在书写货币大写金额时,以下正确的是(　　)。

    A. 大写金额数字到"元"或"角"的,在"元"或"角"后写"整"字

    B. 大写金额有"分"的,"分"后面写"整"字

    C. 阿拉伯金额数字中间有"0"时,汉字大写金额不写"零"字

    D. 阿拉伯金额数字最高位是"1"的,汉字大写金额不加写"壹"字

5. 在保管人民币时,以下正确的是( )。

   A. 可以将保险柜的密码告诉其他人

   B. 保险柜不用定期检查、保养和维修

   C. 保险柜的密码不能告诉其他人

   D. 可以将保险柜的钥匙、印鉴、支票随手放在桌面

6. 在识别假币时,以下不能有效识别的方法是( )。

   A. 看裁切和粘贴痕迹   B. 检查水印

   C. 凭感觉   D. 触摸凹印图案

7. 在书写小写数字时,以下错误的是( )。

   A. 书写数字要工整、不得连笔

   B. 每个数字要紧靠底线书写

   C. "7"和"9"的书写要超过底线

   D. 数字要自右下方向左上方倾斜约45度

8. 在书写货币大写金额时,以下错误的是( )。

   A. 大写金额不用紧靠"人民币"三个字

   B. 大写金额数字到"元"或"角"的,在"元"或"角"后写"整"字

   C. 阿拉伯金额数字中间有"0"时,汉字大写金额要写"零"字

   D. 阿拉伯金额数字最高位是"2"的,汉字大写金额加写"贰"字

9. 在保管人民币时,以下正确的是( )。

   A. 可以在人民币上写字、做记号

   B. 可以将人民币放在阳光下暴晒

   C. 保险柜的钥匙不能随手放在桌面

   D. 库存现金可以挪作他用

10. 在点钞时,以下错误的是( )。

    A. 正确的点钞姿势是上身坐直,眼睛和钞票保持20~25厘米的距离

    B. 左手拿着钞票,拇指按住钞票正面的左端中央

    C. 右手的指头可以沾点水,用拇指尖向下捻动钞票右下角

    D. 点钞计数时最好使用双数分组计法

项目二练习纸 2-2

书写数字 练习纸一

 **项目二练习纸 2-2**

书写数字　练习纸二

 项目二练习纸 2-2

书写数字　练习纸三

项目二练习纸 2-2

书写数字　练习纸四

 项目二练习纸 2-2

书写中文大写数字 练习纸一

中文大写数字练习区

壹	贰	叁	肆	伍	陆	柒	捌	玖	零	拾	佰	仟	万	亿	元	整
壹	贰	叁	肆	伍	陆	柒	捌	玖	零	拾	佰	仟	万	亿	元	整
壹	贰	叁	肆	伍	陆	柒	捌	玖	零	拾	佰	仟	万	亿	元	整
壹	贰	叁	肆	伍	陆	柒	捌	玖	零	拾	佰	仟	万	亿	元	整
壹	贰	叁	肆	伍	陆	柒	捌	玖	零	拾	佰	仟	万	亿	元	整

 项目二练习纸 2-2

书写中文大写数字　练习纸二

中文大写数字练习区

壹	贰	叁	肆	伍	陆	柒	捌	玖	零	拾	佰	仟	万	亿	元	整
壹	贰	叁	肆	伍	陆	柒	捌	玖	零	拾	佰	仟	万	亿	元	整
壹	贰	叁	肆	伍	陆	柒	捌	玖	零	拾	佰	仟	万	亿	元	整
壹	贰	叁	肆	伍	陆	柒	捌	玖	零	拾	佰	仟	万	亿	元	整
壹	贰	叁	肆	伍	陆	柒	捌	玖	零	拾	佰	仟	万	亿	元	整

项目二练习纸 2-2

书写中文大写数字　练习纸三

中文大写数字练习区

壹	贰	叁	肆	伍	陆	柒	捌	玖	零	拾	佰	仟	万	亿	元	整
壹	贰	叁	肆	伍	陆	柒	捌	玖	零	拾	佰	仟	万	亿	元	整
壹	贰	叁	肆	伍	陆	柒	捌	玖	零	拾	佰	仟	万	亿	元	整
壹	贰	叁	肆	伍	陆	柒	捌	玖	零	拾	佰	仟	万	亿	元	整
壹	贰	叁	肆	伍	陆	柒	捌	玖	零	拾	佰	仟	万	亿	元	整

 项目二练习纸 2-2

书写中文大写数字 练习纸四

中文大写数字练习区

壹	贰	叁	肆	伍	陆	柒	捌	玖	零	拾	佰	仟	万	亿	元	整
壹	贰	叁	肆	伍	陆	柒	捌	玖	零	拾	佰	仟	万	亿	元	整
壹	贰	叁	肆	伍	陆	柒	捌	玖	零	拾	佰	仟	万	亿	元	整
壹	贰	叁	肆	伍	陆	柒	捌	玖	零	拾	佰	仟	万	亿	元	整
壹	贰	叁	肆	伍	陆	柒	捌	玖	零	拾	佰	仟	万	亿	元	整

 项目二练习纸 2-2

书写中文大写数字 练习纸五

中文大写数字练习区

壹	贰	叁	肆	伍	陆	柒	捌	玖	零	拾	佰	仟	万	亿	元	整
壹	贰	叁	肆	伍	陆	柒	捌	玖	零	拾	佰	仟	万	亿	元	整
壹	贰	叁	肆	伍	陆	柒	捌	玖	零	拾	佰	仟	万	亿	元	整
壹	贰	叁	肆	伍	陆	柒	捌	玖	零	拾	佰	仟	万	亿	元	整
壹	贰	叁	肆	伍	陆	柒	捌	玖	零	拾	佰	仟	万	亿	元	整

 项目二练习纸 2-2

书写中文大写数字　练习纸六

中文大写数字练习区

壹	贰	叁	肆	伍	陆	柒	捌	玖	零	拾	佰	仟	万	亿	元	整
壹	贰	叁	肆	伍	陆	柒	捌	玖	零	拾	佰	仟	万	亿	元	整
壹	贰	叁	肆	伍	陆	柒	捌	玖	零	拾	佰	仟	万	亿	元	整
壹	贰	叁	肆	伍	陆	柒	捌	玖	零	拾	佰	仟	万	亿	元	整
壹	贰	叁	肆	伍	陆	柒	捌	玖	零	拾	佰	仟	万	亿	元	整

 项目二练习纸 2-2

书写中文大写数字　练习纸七

中文大写数字练习区

壹	贰	叁	肆	伍	陆	柒	捌	玖	零	拾	佰	仟	万	亿	元	整
壹	贰	叁	肆	伍	陆	柒	捌	玖	零	拾	佰	仟	万	亿	元	整
壹	贰	叁	肆	伍	陆	柒	捌	玖	零	拾	佰	仟	万	亿	元	整
壹	贰	叁	肆	伍	陆	柒	捌	玖	零	拾	佰	仟	万	亿	元	整
壹	贰	叁	肆	伍	陆	柒	捌	玖	零	拾	佰	仟	万	亿	元	整

 项目二练习纸 2-2

书写中文大写数字　练习纸八

中文大写数字练习区

壹	贰	叁	肆	伍	陆	柒	捌	玖	零	拾	佰	仟	万	亿	元	整
壹	贰	叁	肆	伍	陆	柒	捌	玖	零	拾	佰	仟	万	亿	元	整
壹	贰	叁	肆	伍	陆	柒	捌	玖	零	拾	佰	仟	万	亿	元	整
壹	贰	叁	肆	伍	陆	柒	捌	玖	零	拾	佰	仟	万	亿	元	整
壹	贰	叁	肆	伍	陆	柒	捌	玖	零	拾	佰	仟	万	亿	元	整

项目二练习纸 2-3

计算器　练习纸一

1. 1＋2＋3＋4＋5＋6＋7＋8＋9＋10＝_____
2. 11＋12＋13＋14＋15＋16＋17＋18＋19＋20＝_____
3. 21＋22＋23＋24＋25＋26＋27＋28＋29＋30＝_____
4. 31＋32＋33＋34＋35＋36＋37＋38＋39＋40＝_____
5. 41＋42＋43＋44＋45＋46＋47＋48＋49＋50＝_____
6. 51＋52＋53＋54＋55＋56＋57＋58＋59＋60＝_____
7. 61＋62＋63＋64＋65＋66＋67＋68＋69＋70＝_____
8. 71＋72＋73＋74＋75＋76＋77＋78＋79＋80＝_____
9. 81＋82＋83＋84＋85＋86＋87＋88＋89＋90＝_____
10. 91＋92＋93＋94＋95＋96＋97＋98＋99＋100＝_____

 项目二练习纸 2-3

计算器 练习纸二

1. 55－1－2－3－4－5－6－7－8－9－10＝_____
2. 155－11－12－13－14－15－16－17－18－19－20＝_____
3. 255－21－22－23－24－25－26－27－28－29－30＝_____
4. 355－31－32－33－34－35－36－37－38－39－40＝_____
5. 455－41－42－43－44－45－46－47－48－49－50＝_____
6. 555－51－52－53－54－55－56－57－58－59－60＝_____
7. 655－61－62－63－64－65－66－67－68－69－70＝_____
8. 755－71－72－73－74－75－76－77－78－79－80＝_____
9. 855－81－82－83－84－85－86－87－88－89－90＝_____
10. 955－91－92－93－94－95－96－97－98－99－100＝_____

项目二 练习纸 2-3

计算器　练习纸三

1. 0.01＋0.02＋0.03＋0.04＋0.05＋0.06＋0.07＋0.08＋0.09＋0.10＝
　　_____

2. 0.11＋0.12＋0.13＋0.14＋0.15＋0.16＋0.17＋0.18＋0.19＋0.20＝
　　_____

3. 0.21＋0.22＋0.23＋0.24＋0.25＋0.26＋0.27＋0.28＋0.29＋0.30＝
　　_____

4. 0.31＋0.32＋0.33＋0.34＋0.35＋0.36＋0.37＋0.38＋0.39＋0.40＝
　　_____

5. 0.41＋0.42＋0.43＋0.44＋0.45＋0.46＋0.47＋0.48＋0.49＋0.50＝
　　_____

6. 0.51＋0.52＋0.53＋0.54＋0.55＋0.56＋0.57＋0.58＋0.59＋0.60＝
　　_____

7. 0.61＋0.62＋0.63＋0.64＋0.65＋0.66＋0.67＋0.68＋0.69＋0.70＝
　　_____

8. 0.71＋0.72＋0.73＋0.74＋0.75＋0.76＋0.77＋0.78＋0.79＋0.80＝
　　_____

9. 0.81＋0.82＋0.83＋0.84＋0.85＋0.86＋0.87＋0.88＋0.89＋0.90＝
　　_____

10. 0.91＋0.92＋0.93＋0.94＋0.95＋0.96＋0.97＋0.98＋0.99＋0.10＝
　　_____

项目二练习纸 2-3

计算器　练习纸四

1. 810＋160＋520＋250＋540＋490＋320＋730＋640＋970＝_____
2. 799＋298＋899＋439＋397＋129＋591＋594＋128＋209＝_____
3. 121＋302＋895＋438＋595＋719＋343＋928＋729＋371＝_____
4. 639＋922＋333＋642＋450＋960＋557＋408＋369＋765＝_____
5. 241＋304＋736＋544＋926＋986＋147＋461＋429＋550＝_____
6. 8.53＋0.62＋9.33＋2.89＋7.44＋14.56＋98.11＋71.47＋9.59＋4.39＝_____
7. 1.72＋67.83＋156.78＋78.54＋289.59＋0.66＋50.73＋868＋0.49＋78＝_____
8. 10 409＋5 772＋1 730＋3 774＋57 875＋1 386＋46 391＋78 230＋62 891＋502＝_____
9. 943 481＋170 389＋3 698 246＋95 273＋74 983 657＋7 586＋0.87＋580 278＋5 753 951＋85 246 990＝_____
10. 145.97＋100 992＋276.05＋5 000 294＋734.95＋7 758 946＋80.18＋158.69＋7 810＋0.71＝_____

项目三　现金管理和现金收支

现金管理是指企业对现金流入和流出进行规划、控制和优化的过程,现金管理是为了确保有足够的流动性来满足日常运营和投资需求,同时最大化资金的使用效率和收益。现金收支是出纳人员非常重要的一项工作。出纳人员需要根据企业的财务制度和业务需求,准确、及时地进行现金收入和支出的各项工作,确保现金流动的顺畅和合规。

任务一　现金管理

现金是资产中流动性最强的资产,所以企业中持有一定数量的现金是为了保证正常生产活动的开展。但是,现金的缺点在于它是获利能力最弱的一项资产,不像银行存款那样还有利息,所以如果企业持有过多的现金,会降低其获利能力,而且大量现金的持有,会增加安全隐患。所以,在管理现金的时候,应该尽量做到:在满足需要的基础上尽量减少现金的持有量;在满足现金需要的情况下加快现金的周转,把现金用"活"用好。

现金管理的原则如下:

(1)钱账分开。这个原则是出于内部控制的目的,出纳员不得兼任稽核人员、会计档案保管人员和收付、费用、债权、债务账目的登记工作。

(2)现金审批。绝大部分企业都会有现金审批制度,因为它关系到企业的切身利益,主要包括以下方面:

① 规定企业库存现金的开支范围,也就是说有哪些费用以及多少金额以下是可以用现金支付的,其他情况不允许使用现金支付。

② 规定报销流程,规定库存现金支付业务的报销手续。

③ 规定现金支出的审批权限,规定有审批现金的权限的岗位和人员。

(3) 日清月结。保证每天的库存现金和现金日记账的余额相符,具体有如下方面内容:

① 随时登记现金日记账。

② 每天盘点现金,有账实不相符的情况马上查明原因。

任务二　提　取　现　金

1. 提取现金的步骤

提取现金应该填写现金支票,拿着现金支票去开户银行取款。

出纳到银行提取现金的步骤如下:

(1) 出纳把现金支票交给银行对公窗口的有关人员进行审核,在审核无误后会领取到号牌。

(2) 根据自己所领取的号牌等待取款,银行的出纳人员会对支票进行审核,核对印鉴和密码,办理规定的付款手续,手续齐备后送到对公取款柜台。

(3) 对公取款柜台的人员会呼叫领取单位或者相应的号牌,出纳人员应答,与银行经办人员核对需要取款的数量,核对无误后,银行柜台人员直接付款。

(4) 在领取现金的时候,一定要在银行柜台当面点清金额,不能离柜。

(5) 出纳人员回单位后要再次清点现金。

2. 清点现金

从银行取现金回单位后,要清点现金。清点现金时,一般应先检查封签、类别和把数是否相符,然后再点钞。

一般点钞是先看钞票的捆数是否正确,如提取 5 万元现金,一般银行将每捆钞票用皮筋或纸条封装,一捆一万元,先看钞票是不是有5捆,在捆数正确的情况下,再开始具体核对每捆钞票里面的金额。

清点的时候应当注意以下几点：

(1)如果有条件的话,清点现金不要一个人进行,应该由两位及两位以上的财务人员清点。

(2)清点钞票的时候应将每捆钞票分清楚,把每张清点清楚,清点过的捆数做好记号放到一边,不要混淆。不要着急把捆钞的皮筋或封装纸丢掉,要等清点完毕,钞票入库后,再扔掉。

(3)出纳在清点中发现有残缺、损伤的票币以及假钞应立即向银行要求更换。

(4)所有现金应清点无误后才能发放使用,切记一边清点一边发放,否则一旦发生差错将无法查清。

(5)出纳在清点过程中,特别是回单位清点过程中,如果发现有差错,如银行付款与实际取款额有误,应将所取款项保持原状,通知银行人员,妥善进行处理。

【新手提示】

(1)提现：早晨可以先在账上虚提一笔,上午先用着前一天的库存,下午收取现金及其他现金,观察当天库存,根据具体情况更改虚提的现金,打印支票,去银行取现。

(2)取现金和存现金可以相互抵消一部分,避免路途拿很多现金出现危险。

(3)向银行预约零钱,一般要在前一周的周四下午2点之前。

(4)放假的前一天可能会有较多人来报销,注意提现的金额。

(5)如果提取的现金超过5万元,需要在前一天的下午2点前向银行预约,有的银行还需要填写预约申请。

任务三　保管现金

1. 保管现金的要求

（1）如果有超过库存限额的现金，应在下班前送存银行。

（2）为加强现金的管理，除工作时间需要少量备用金可放在出纳的抽屉内，其余应放入专用的保险柜内，不得随意存放。

（3）限额内的库存现金当日核对清楚后，一律放在保险柜内，不得放在办公桌抽屉内过夜，更不能放在办公桌面等显眼的地方。

（4）单位的库存现金不准以个人名义存入银行，以防止有关人员利用公款私存取得利息收入，也防止企业利用公款私存形成账外小金库。银行一旦发现有公款私存的现象，可以对单位处以罚款，情节严重的，可以冻结单位的现金支付。

（5）库存现金的纸币和硬币，应实行分类保管。出纳应对库存票币分别按照纸币的票面金额和硬币的币面金额，以及整数（大数）和零数（小数）分类保管。

（6）纸币一定要打开，铺平存放，并按照纸币的票面金额，以每100张为一把，每10把一捆扎好。凡是成把、成捆的纸币即为整数（大数），均应放在保险柜内保管，随用随取；凡不成把的纸币即为零数（小数），也要按照票面金额，每10张为一轧，分别用曲别针别好，放在传票箱内或抽屉内，并要存放整齐，次序井然。

（7）硬币也是按照币面金额，以每100枚为一卷，每10卷为一捆，同样将成捆、成卷的硬币放在保险柜内保管，随用随取；不成卷的硬币，应按照不同的币面金额，分别存放在特别的卡数器内。

企业、事业单位和机关、团体、部队的现金管理应遵循"八不准"原则。

（1）不准用不符合财务制度的凭证顶替库存现金。

（2）不准单位之间互相借用现金。

（3）不准谎报用途套取现金。

（4）不准利用银行账户代其他单位和个人存入或支取现金。

(5) 不准将单位收入的现金以个人名义存入银行。

(6) 不准保留账外公款。

(7) 不准发行变相货币。

(8) 不准以任何票券代替人民币在市场上流通。

2. 保险柜

为了保证货币资金的安全和完整,各单位应配备专用保险柜,专门用于库存现金、各种有价证券、银行票据、印章及其他出纳票据等的保管。

一般保险柜都配有制尾锁、密码锁、弹子锁及防盗报警器等,使用时按以上顺序开放即可,具体使用方法如下:

(1) 密码锁。

一般保险柜有三个密码数字。首先按第一数字顺时针转动两圈对正标数。其次按第二数字逆时针转动一圈,继续转动对正标数。最后顺时针转动对正第三数字表示即可。关锁时随意乱转一下即可。

(2) 防盗报警器。

人离开时,先拔出弹子锁钥匙,接上电源把门关上。若再插入本身钥匙或金属品便发出报警器响声。开门后关闭电源,报警即止。

使用保险柜时要注意以下事项:

(1) 保险柜一般由总会计师或财务处(科、股)长授权,由出纳负责管理使用。

(2) 保险柜要配备两把钥匙:一把由出纳保管,供出纳在日常工作中开启使用;另一把交由保卫部门封存,或者由单位总会计师或财务处(科、股)长负责保管,以备特殊情况下经有关领导批准后开启使用。出纳不能将保险柜钥匙交由他人代为保管。

(3) 保险柜只能由出纳开启使用,非出纳不得开启保险柜。如果单位总会计师或财务处(科、股)长需要对出纳的工作进行检查,如检查库存现金限额、核对实际库存现金数额,或有其他特殊情况需要开启保险柜的,应按规定的程序由总会计师或财务处(科、股)长开启。

(4) 每日业务终了后,出纳应将其使用的空白支票(包括现金支票和转账支票)、银钱收据、印章等存入保险柜内。保险柜内存放的现金应设置现金日记账进行登记,其他有价证券、存折、票据等应按种类造册登记,贵重物品应按种类设置备查簿并登记其质量、重量、金额等,所有财物应与账簿记录核对相符。按照规定,保险柜内不得存放私人财物。

(5) 出纳应将自己保管使用的保险柜密码严格保密,不得向他人泄露。出纳调动岗位时,新出纳应更换密码。

(6) 保险柜应放置在隐蔽、干燥之处,注意通风、防湿、防潮、防虫和防鼠;保险柜的表面要经常擦抹干净,保险柜内的财物应保持整洁卫生,存放整齐。保险柜一旦发生故障,应到公安机关指定的维修点进行修理,以防泄密或失盗。

(7) 出纳发现保险柜被盗后,应保护好现场,迅速报告公安机关(或保卫部门),待公安机关勘查现场时才能清理财物被盗情况。节假日满两天以上或出纳离开两天以上没有派人代其工作的,应在保险柜锁孔处贴上封条,出纳到位工作时揭封。如果发现封条被撕掉或锁孔处被弄坏,应迅速向公安机关或保卫部门报告,以便公安机关或保卫部门及时查清情况,防止不法分子进一步作案。

任务四　支付现金

1. 支付现金的步骤

(1) 出纳拿到付款凭证或原始凭证,加总原始凭证的金额,与凭证上的总金额进行核对。

(2) 审核一下原始凭证、记账凭证。

(3) 将业务经办人的所有报销金额加总,算出总数,与经办人核对。

(4) 经办人核对发票是否齐全(防止出纳员没有拿全凭证),金额和所列支项目是否正确,在凭证右下角空白处签字。

(5) 经办人在签字之后,出纳员从保险柜或抽屉里取出相应现金,清点完毕,并请经办人现场清点无误,方可离开。

（6）出纳员支付现金后，在原始发票上盖"现金付讫""附件""现金收讫"章（盖章是为了避免不法分子重新拿回原始凭证重复报销），盖章的金额和凭证的金额要一致。

（7）支付现金的时候，可以借助点钞机清点张数，但一定要手点一遍，因为点钞机有时候会不准确，有时候会区分不开不同币值的钱，或者两张纸币没捻开。

【新手提示】

（1）支付现金时要专心，和别人聊天最容易出现差错，如10元拿成50元，10元里面夹有1元，将"1 059.9"看成"1 509.9"等情况。

（2）既支付现金又换零钱的时候，非常容易出现差错，一定不能慌乱，可以先将现金支付给经办人，然后再换零钱。

（3）如果看不清出租车票上的数字，可以先折角做记号，加总之后再与别的出租车票对比（如数字的形状，公里数，时间），辨认数字。

（4）支付过现金的凭证，和没有付过的，一定要分开放，付过的盖"现金付讫""附件"章。

（5）放假或休假前，询问各个部门，假期要不要留备用金，提前做准备。

2. 出借现金

在企业，有时候会出借备用金，出纳员出借现金的时候，需要注意以下事项：

（1）要了解企业的制度，有哪些情况可以出借现金，如部门可以借备用金、差旅费等。

（2）借款单上一定要写明还款日期，经办人签字要和实际相符，避免有些人不认账。

（3）最好自己登记借款表，方便催还现金。

（4）借款单是一式三联，将第一联放在凭证后面，第二联和第三联留存，待经办人还款时，第二联还给经办人，第三联用来做账。

（5）有些企业对于出借现金的金额有严格的控制。例如，外出开会借备用金，所借现金不能超过来回车票和住宿费。

任务五 盘点现金

由于现金的收付业务十分频繁,容易出现错误,出纳人员每日下班之前要盘点库存现金。盘点库存现金的步骤如下:

(1)检查是否所有应收项目已经完成收讫,所有应付项目是否完成付讫,不能有白条抵库。

(2)整理所有纸币和硬币,按照币值大小进行分类整理。

(3)先清点金额大的纸币,再清点金额小的纸币或硬币。

(4)先清点成捆的纸币,再清点成把、成卷的纸币或硬币。

(5)边清点现金,边填写库存现金盘点表(表3-1)。

表 3-1　　　　　　　　　库存现金盘点表

单位名称：　　　　　　　　年　月　日　　　　　　　金额单位：元

纸币			硬币		
面值	张数	金额	面值	个数	金额
100			1		
50			0.5		
20			0.1		
10					
5					
1					
0.5					
0.1					
合计			合计		
总计					

财务负责人：　　　　　　　　监盘人：　　　　　　　　盘点人：

(6)盘点完毕,检查是否与现金日记账余额相符。

(7)填写库存现金盘点报告表(表3-2)。

表 3-2 　　　　　　　　　　　　　　**库存现金盘点报告表**

单位名称：　　　　　　　　　　　　　　　年　月　日　　　　　　　　　　　　　　　单位：元

账面金额	实存金额	清查结果		说明
		盘盈	盘亏	
单位负责人处理意见				备注：

财务负责人：　　　　　　　　　　　　　监盘人：　　　　　　　　　　　　　　　盘点人：

盘点完毕,如果账实相符,将现金和库存现金盘点表存放即可。如果不相符,要检查是否盘点时出错,或记账人员在记账时出现错误,如果有错误,及时进行更正。如果账实不符,但没有发现盘点错误或记账错误,将库存现金盘点报告表上交财务经理进行后续处理。

【新手提示】

新手出纳人员在盘点库存现金的时候非常容易出现差错,因此,如果盘点之后出现账实不符的情况,要进行第二次、第三次盘点。

(1) 整理纸币和硬币的时候,容易出现分类错误,如将一角的硬币放入一元的硬币盒里,就会造成账实不符。

(2) 盘点库存现金时,一般需要记账人员在场,或其他财务人员在场。

(3) 一般企业在库存现金盘亏时,会由出纳进行赔偿,所以,出纳人员在进行现金支付的时候,一定不要手忙脚乱,宁可慢一点、多清点一次现金,也不要毛躁。

(4) 出纳人员在盘点现金时容易出现的错误：

① 0.5 元写成了 0.05 元。

② "5 把"当成"5 张"。

③ 错把 0.5 元硬币记到了 5 元的一栏。

④ 50 张 0.5 元的共 25 元,写成 25 张。

⑤ 0.01 元的共 42.6 元,算成 4.26 元。

⑥ 13个0.1元的硬币,数成12个。
⑦ 5元的放到1元的纸币里,造成总数少4元。
⑧ 0.1元的放到0.5元的纸币里,造成总数多0.4元。
⑨ 硬币掉在钱盒下面,导致盘库时现金少于账面数。

任务六　向开户行存入现金

为了加强内部控制,企事业单位应该规定库存现金的最高限额,一般情况下是按照3~5天日常零星开支所需现金进行核定,超过限额的部分,需要送存开户银行。

向开户银行存入现金时,需要填写现金送款簿,如图3-1所示。

例:2024年3月20日康宸公司出纳员王芳将超过库存限额的现金13 059.00元送存银行,13 059.00元的组成如下:100.00元130张,50.00元1张,1.00元9张。康宸公司的开户银行是中国农业银行北京将台路支行,账号为11040601040004128①。

填写完成的现金送款簿如图3-2所示。

💡【新手提示】

(1)收支两条线,每天收到的现金需要存入银行,因此收到的现金要及时记录,并填写现金送款簿,否则容易遗忘。

(2)如果当天现金库存很大,将备用金存入银行,填写银行现金送款簿时,"用途"处写:备用金余款。

---

① 账号为虚拟号,供学生练习用。

图 3-1　现金送款簿

现金送款簿

（3013）（二联）

对方科目：　　　　　　交款日期 2024 年 3 月 20 日　　　　序号：

收款单位名称	康宸公司	开户银行科目账号	
款项来源	备用金余款	11040601040004128	

人民币（大写）：壹万叁仟零伍拾玖元整

金额：¥ 1 3 0 5 9 0 0（百十万千百十元角分）

日期：	日志号：	交易码：	币种：
金额：	终端号：	主管：	柜员：

券别	张(枚)数	金额	券别	张(枚)数	金额	券别	张(枚)数	金额
壹佰元	130	13000.00	贰元			伍分		
伍拾元	1	50.00	壹元	9	9.00	贰分		
贰拾元			伍角			壹分		
拾元			贰角					
伍元			壹角			合计		

第一联　银行贷方凭证

现金送款簿

（3013）（二联）

对方科目：　　　　　　交款日期 2024 年 3 月 20 日　　　　序号：

收款单位名称	康宸公司	开户银行科目账号	
款项来源	备用金余款	11040601040004128	

人民币（大写）：壹万叁仟零伍拾玖元整

金额：¥ 1 3 0 5 9 0 0（百十万千百十元角分）

日期：	日志号：	交易码：	币种：
金额：	终端号：	主管：	柜员：

券别	张(枚)数	金额	券别	张(枚)数	金额	券别	张(枚)数	金额
壹佰元	130	13000.00	贰元			伍分		
伍拾元	1	50.00	壹元	9	9.00	贰分		
贰拾元			伍角			壹分		
拾元			贰角					
伍元			壹角			合计		

第二联　回单

提示：本联经打印后，证实款项已入账。

图 3-2　现金送款簿

任务七　违反法律法规的处罚

1. 相关规定

企业出纳人员要提高警惕,严格遵守法律法规等,要熟悉本单位的规章制度,克己奉公,诚实守信。

《中华人民共和国刑法》(以下简称《刑法》)第271条第1款规定,公司、企业或者其他单位的工作人员,利用职务上的便利,将本单位财物非法占为己有,数额较大的,处3年以下有期徒刑或者拘役,并处罚金;数额巨大的,处3年以上10年以下有期徒刑,并处罚金;数额特别巨大的,处10年以上有期徒刑或者无期徒刑,并处罚金。

《刑法》第272条第1款规定,公司、企业或者其他单位的工作人员,利用职务上的便利,挪用本单位资金归个人使用或者借贷给他人,数额较大、超过3个月未还的,或者虽未超过3个月,但数额较大、进行营利活动的,或者进行非法活动的,处3年以下有期徒刑或者拘役;挪用本单位资金数额巨大的,处3年以上7年以下有期徒刑;数额特别巨大的,处7年以上有期徒刑。

《刑法》第384条第1款规定,国家工作人员利用职务上的便利,挪用公款归个人使用,进行非法活动的,或者挪用公款数额较大、进行营利活动的,或者挪用公款数额较大、超过3个月未还的,是挪用公款罪,处5年以下有期徒刑或者拘役;情节严重的,处5年以上有期徒刑。挪用公款数额巨大不退还的,处10年以上有期徒刑或者无期徒刑。

2. 违反现金管理制度的案例

(1) 王某利用职务之便侵吞、骗取公款。

北京市东城区某离退休干部休养所原出纳人员王某,通过假的银行对账单,模仿单位领导的签字,使用现金支票,把公款转移到个人的银行账户,或直接通过银联转账将单位账户的钱转到自己名下。仅一年多的时间,王某就利用职务便利,侵吞、骗取公款多达720余万元,均被其个人奢侈消费、高档生活挥霍一空。

裁判结果：2019年3月，王某因涉嫌贪污罪被东城区监委留置，同年9月被开除公职。2019年12月，王某因犯贪污罪被东城区人民法院判处有期徒刑12年，并处罚金人民币100万元。

（2）胡某某挪用单位资金用于投资。

浙江省永康市下园朱农贸综合市场开发服务部原出纳胡某某经不住炒股群里群友的极力推荐，开始投资黄金期货。因起初的"小打小试"尝到甜头，让一心想发财的胡某某对这个投资产品深信不疑，全身心投入到炒"伦敦金"中。可是没过几天，她就将自己所有的积蓄亏掉了。胡某某就想到了伪造银行对账单的"妙计"。第一次对账时，会计未认真核对就草草入账，让胡某某得以蒙混"过关"。28万元、48万元、120万元、300万元……2017年4月21日至7月24日，短短3个月内，胡某某以"发工资""退押金""退摊位费"的名义，先后12次挪用单位资金达2 074万余元用于投资，亏损达1 800多万元。

裁判结果：2018年1月，胡某某因涉嫌挪用资金罪，被永康市纪委给予开除党籍处分。同月，胡某某因犯挪用资金罪，被永康市人民法院判处有期徒刑9年。

思政小课堂

现金管理是企业财务管理的重要组成部分，它关系到企业的流动性和安全性。通过对现金的严格管理和合理调度，不仅能够保障企业的日常运营，也为企业的长远发展奠定坚实的基础。这不仅是对企业负责，更是对国家经济秩序的维护。让我们以严谨的态度、科学的管理，为国家的繁荣稳定贡献力量。

项目三练习纸 3-1

单选题

1. 现金管理的原则中不包括(　　)。
   A. 钱账分开　　　　　　　　B. 现金审批
   C. 日清月结　　　　　　　　D. 随意借款

2. 以下不属于现金使用范围的是(　　)。
   A. 职工工资、津贴　　　　　B. 个人劳务报酬
   C. 购买固定资产　　　　　　D. 结算起点以下的零星支出

3. 提取现金时,企业能提取的日常零星开支最长时间是(　　)天。
   A. 3　　　　　B. 5　　　　　C. 10　　　　　D. 15

4. 在提取现金后,出纳人员需要在银行柜台做的第一件事是(　　)。
   A. 点清金额　　　　　　　　B. 领取号牌
   C. 等待叫号　　　　　　　　D. 核对支票

5. 保管现金时,以下不正确的是(　　)。
   A. 超过库存限额的现金应在下班前送存银行
   B. 限额内的库存现金应放在保险柜内
   C. 保险柜的密码可以告诉他人
   D. 纸币和硬币应实行分类保管

6. 支付现金时,以下步骤是错误的是(　　)。
   A. 审核原始凭证、记账凭证
   B. 经办人核对发票是否齐全
   C. 出纳人员从保险柜取出现金后直接支付给经办人
   D. 支付现金后,在原始发票上盖章"现金付讫"

7. 出借现金时,以下不是必须注意事项的是(   )。

   A. 了解企业的制度,有哪些情况可以出借现金

   B. 借款单上写明还款日期

   C. 出借现金的金额没有限制

   D. 登记借款表,方便催还现金

8. 盘点现金时,以下步骤是错误的是(   )。

   A. 检查是否所有应收项目已经完成收讫

   B. 整理所有纸币和硬币,按照币值大小进行分类整理

   C. 先清点金额大的纸币,再清点金额小的纸币或硬币

   D. 直接根据账面金额填写库存现金盘点表

9. 向开户行存现金时,以下说法错误的是(   )。

   A. 库存限额是为了保证日常支付的需要

   B. 超过库存限额的现金需要及时送存银行

   C. 库存限额的用量最高不得超过 15 天

   D. 库存限额可以由企业自行决定,不需经银行批准

10. 违反法律法规的处罚中,说法错误的是(   )。

    A. 工作人员利用职务之便,将本单位财产非法占为己有,数额较大的,处 3 年以下有期徒刑或拘役,并处罚金

    B. 工作人员利用职务之便,挪用本单位资金借贷给他人,进行非法活动的,处 3 年以下有期徒刑或拘役

    C. 国家工作人员挪用公款、超过 3 个月未还的,处五年以下有期徒刑或拘役

    D. 国家工作人员挪用公款进行营利活动的,只要将公款和营利还回单位就可以,不构成挪用公款罪

项目三练习纸 3-2

现金送款簿 练习纸

2024年3月21日康宸公司出纳人员王芳快下班的时候发现,库存现金超过库存限额10 635.00元,于是准备将这些现金送存银行,10 635.00元的组成如下:100.00元106张,10.00元3张,5.00元1张。请填写图3-3现金送款簿。

其他资料:康宸公司的开户银行是中国农业银行北京将台路支行,账号为11040601040004128。

现金送款簿

(3013)
(二联)

对方科目：　　　　　交款日期　　年　月　日　　　　序号：

收款单位名称		开户银行科目账号	
款项来源			
人民币（大写）		金额 百十万千百十元角分	

日期：　　　　日志号：　　　　交易码：　　　　币种：
金额：　　　　终端号：　　　　主　管：　　　　柜员：

第一联 银行贷方凭证

券别	张(枚)数	金额	券别	张(枚)数	金额	券别	张(枚)数	金额
壹佰元			贰元			伍分		
伍拾元			壹元			贰分		
贰拾元			伍角			壹分		
拾元			贰角			合计		
伍元			壹角					

现金送款簿

(3013)
(二联)

对方科目：　　　　　交款日期　　年　月　日　　　　序号：

收款单位名称		开户银行科目账号	
款项来源			
人民币（大写）		金额 百十万千百十元角分	

日期：　　　　日志号：　　　　交易码：　　　　币种：
金额：　　　　终端号：　　　　主　管：　　　　柜员：

第二联 回单

券别	张(枚)数	金额	券别	张(枚)数	金额	券别	张(枚)数	金额
壹佰元			贰元			伍分		
伍拾元			壹元			贰分		
贰拾元			伍角			壹分		
拾元			贰角			合计		
伍元			壹角					

提示：本联经打印后，证实款项已入账。

图3-3　现金送款簿

 项目三练习纸 3-3

库存现金盘点表　练习纸

2024年1月5日康宸公司出纳人员王芳在下班之前盘点库存现金,通过清点所有纸币和硬币,结果如下:128张100元纸币,75张50元纸币,26张20元纸币,86张10元纸币,41张5元纸币,127张1元纸币,34张0.5元纸币,127张0.1元纸币,67个1元硬币,83个0.5元硬币,52个0.1元硬币。请填写如表3-3所示的库存现金盘点表。(备注:监盘人是张亮,财务负责人是李梅)

表3-3　　　　　　　　　　　库存现金盘点表

单位名称:　　　　　　　　　　年　月　日　　　　　　　　　　金额单位:元

纸币			硬币		
面值	张数	金额	面值	个数	金额
100			1		
50			0.5		
20			0.1		
10					
5					
1					
0.5					
0.1					
合计			合计		
总计					

财务负责人:　　　　　　　　　监盘人:　　　　　　　　　盘点人:

项目三练习纸 3-4

库存现金盘点报告表　练习纸

2024年1月5日康宸公司出纳员王芳在下班之前盘点库存现金,清点所有纸币和硬币的结果如下:公司实际有现金 18 406.90 元,账面金额为 18 406.09 元。经查,出纳员应支付给业务员蒋洋 246.09 元报销款,实际支付了 246.90 元,财务负责人将此差额作为其他应收款,并嘱咐出纳员王芳进行追回。请填写如表 3-4 所示的库存现金盘点报告表。(备注:监盘人是张亮,财务负责人是李梅)

表 3-4　　　　　　　　　　库存现金盘点报告表

单位名称:　　　　　　　　　　年　月　日　　　　　　　　　　单位:元

账面金额	实存金额	清查结果		说明
		盘盈	盘亏	
单位负责人处理意见				备注:

财务负责人:　　　　　　　　监盘人:　　　　　　　　盘点人:

项目四 账户和银行存款的管理

企业要进行结算，必须在银行开立账户，把单位有关的资金存进去，在使用资金的时候再从银行支出去。出纳人员除了要管理现金，还需要办理银行业务。

任务一 账户的开通和年检

按照国家有关规定，独立核算的单位必须在当地银行开设独立的银行账户。银行存款账户有不同的类型。基本存款账户，是办理日常结算和现金收付的主要账户。一般存款账户，是单位在基本存款账户以外办理转存的账户，这个账户不能办理现金业务。临时存款账户，是单位因为临时经营活动而开立的账户，一般开在经营活动的当地，临时账户的有效年限比较短。

企业要在银行开立账户，开立账户时需要以下材料：

（1）三证合一营业执照（统一社会信用代码）原件、复印件。

（2）公章、法人章、财务章。

（3）法人身份证原件、复印件，经办人身份证原件、复印件。

（4）法定代表人授权书，如图4-1所示。有些银行有自己的法定代表人授权书，如图4-2所示。

法定代表人授权书

_____银行_____支行：
现法定代表人_____（身份证号：_____）授权_____（身份证号：_____
_____）办理银行开户业务，授权有效期为____年___月___日至____年___月___日。
后附授权人、被授权人身份证复印件。

授权人签字：
被授权人签字：
_____年___月___日

图4-1 法定代表人授权书

法定代表人授权书

授权人：
　　职务：
　　性别：
　　身份证号：
　　办公电话：　　　手机：

被授权人：
　　职务：
　　性别：
　　身份证号：
　　办公电话：　　　手机：

授权事项：被授权人全权代表授权人在____银行_____支行办理本企业本、外币账户的(1)开立（含保证金账户）、变更、撤销、补证(2)代收、代付业务(3)支付通、企业短信提醒、理财等业务的有关事宜。被授权人在办理账户手续过程中所签署的一切相关文件和处理与之有关的一切事务，均为代表本人的行为，与本人做出的行为具有同等的法律效力。本人将承担被授权人上述行为的全部法律责任和后果。被授权人再授权无效。

　　单位公章：　　　　　授权人签字：
　　预留银行人名章：　　被授权人签字：
　　本授权书有效期：　　年　月　日至　年　月　日

图4-2 银行法定代表人授权书

（5）带少部分现金，可能会需要。

（6）如果需要使用密码器则需要携带银行密码器。没有密码器可以办理一个，密码器可以各家银行通用。

（7）如果需要开通网银需要把开户资料多准备一套。

（8）开立人民币结算账户申请书、银行结算账户管理协议、结算账户对账协议、支付密码器使用协议、预留印鉴、指定业务经办人员的委托书。

以上证件都需要带原件去银行，为了开户节省时间，复印件可以提前准备好。另外，在银行开立账户之前，可以提前和开户银行做好沟通，这样可以提高工作效率。

企业在银行开户的流程如下：

（1）先选定开户银行，国有四大银行是首选，但是其他地方银行手续更加简便。

（2）开立账户一般在对公窗口而不是一般窗口。银行业务员会给一些需要填写的单据，填写时不懂的地方可以寻求银行人员的帮助。填写完成后，只需要提交柜台即可。

（3）向银行柜台提交相关材料。

（4）各种材料加盖公章、财务章、法人章。在复印件上注明用途，如"此复印件只用于开立银行账户"。

（5）银行收到开户申请后，会把材料提交给央行，等待央行的批复。

一般情况下，开立时间比较短的账户每年都需要年检，年检时间为每年的1月1日至3月31日，账户年检需要向银行提交如下材料：

（1）三证合一营业执照（统一社会信用代码）复印件并加盖公章。

（2）法人身份证复印件并加盖公章。

（3）法人授权书。

任务二　申请工资代发

银行代发工资是企业财务管理的一个重要组成部分,它不仅提高了工资发放的效率和安全性,还有助于企业遵守法律法规,优化内部管理。银行代发工资可以减少出纳人员手动处理工资发放的工作量,提高工资发放的效率,同时减少人为错误,如计算错误、遗漏或重复支付等。银行代发工资还可以确保工资资金的安全,避免现金支付可能带来的盗窃或丢失风险。

企业向开户银行申请工资代发时,需要提供以下材料:

(1) 三证合一营业执照(统一社会信用代码)复印件并加盖公章。

(2) 法人身份证原件、复印件,经办人身份证原件、复印件。

(3) 法定代表人授权书。

(4) 申请(机打或手写两份),如图4-3所示。

```
                    申　请
_____银行_____支行:
本单位在_____银行_____支行开立基本账户,现有员工_____人,每月工资总额_____
元,申请_____银行_____支行办理代发工资业务。
                                              单位名称(公章)
                                              _____年___月___日
```

图4-3　申请

(5) 代发工资人员明细表(姓名,身份证号,卡号,金额)。

(6) 四份银行代付业务协议书。

注意,一般情况下,现有员工要超过20人,银行才会开通工资代发业务。不同的银行要求可能不完全一样,所以,以上的准备还需要咨询开户银行,以开户银行的实际要求为准。

任务三　更改账户法人、银行预留印鉴

企业的法人或者财务总监等人员发生变动,银行信息就要进行相应更改,如果要更改账户法人或银行预留印鉴,需要向银行提供以下材料:

(1) 三证合一营业执照(统一社会信用代码)复印件并加盖公章。
(2) 法人身份证原件、复印件,经办人身份证原件、复印件。
(3) 法定代表人授权书。
(4) 变更申请(机打或手写两份),如图 4-4 所示。有些银行有自制的"印鉴卡片变更申请书",如图 4-5 和图 4-6 所示。

变更申请

_____银行_____支行:
　　本单位在_____银行_____支行开立基本账户,因法人变更,由_____变更为_____,并变更银行预留人名章,由_____变更为_____,特申请办理相关手续。

　　　　　　　　　　　　　　　　　　　　　　单位名称(公章)
　　　　　　　　　　　　　　　　　　　　_____年___月___日

图 4-4　变更申请

印鉴卡片变更申请书

_____银行:
　　我单位在你行开立的_____帐户拟更换印鉴。该将新印鉴盖在正面,自_____年____月____日起启用,旧印鉴同时废止并请贵行代为注销。但新印鉴启用日之前我单位开出的凭证旧印鉴继续有效。

原预留银行印鉴(全部):	开户单位审批意见: 　　我单位在你行预留印鉴真实有效,请予以办理。特此证明。 单位公章:
旧印鉴卡装订在　　　年　　月　　日传票最后一页	年　　月　　日

图 4-5　印鉴卡片变更申请书

更 换 印 鉴 申 请 书

年 月 日

<table>
<tr><td>户名</td><td colspan="3"></td></tr>
<tr><td>账号</td><td colspan="3"></td></tr>
<tr><td>理由</td><td colspan="3"></td></tr>
<tr><td>主管单位意见</td><td></td><td>盖章</td><td></td></tr>
<tr><td colspan="4">1. 自　年　月　日启用新印鉴。新印鉴片 2 张附后。
2. 已盖好旧印鉴尚未付款的支票（含空白支票）已全部交开户银行，如有遗漏未交，本单位负责到开户银行补盖新印鉴，由此而产生的一切经济损失由开户单位负责。
3. 交回的支票已在“支票签章处”切角。
转账支票　张，支票号码：
现金支票　张，支票号码：</td></tr>
<tr><td colspan="2">旧 印 鉴
（旧印鉴丢失加盖单位公章及负责人章）</td><td colspan="2">新 印 鉴</td></tr>
</table>

图 4-6　更换印鉴申请书

(5) 法人授权书。

(6) 更改银行预留印鉴人名章：更改后人员的身份证原件、复印件。

(7) 公章、财务章、人名章（新旧章）。

(8) 费用：资料变更 20 元，印鉴变更 50 元。

(9) 账户停止使用两周（办理时间大概两周）。

任务四 定活互转

1. 活期转定期

活期转定期的步骤：①填写银行的单位开立定期存款申请书，如图4-7所示。②填写定期存款凭条，如图4-8所示。③签发支票。

不同的银行要求会有所不同：

(1) 需要一张转账支票。

(2) 有些银行需要以下材料：

① 人民币单位定期存款账户开户申请书，如图4-9所示。

② 人民币单位银行结算账户管理协议。

③ 转账支票。

单位开立定期存款申请书

_____支行：

    本企业 （账号：_____）

为_____存款账户开立单位，因业务需要申请办理单位_____存款业务（金额_____万元整、期限_____）并自动转存。

特此申请！

单位名称：

日　　期：

图4-7　单位开立定期存款申请书

分行单位定期存款凭条

科目：　　　　　　　　　　　　年　月　日

存款单位填写	存款单位名称＿＿＿＿　付款单位名称＿＿＿＿　开户银行＿＿＿＿
	存款单位地址＿＿＿＿　存期＿＿＿　币种＿＿＿　付款单位帐号＿＿＿
	存入金额（大写）＿＿＿＿＿＿　小写金额＿＿＿＿　存款单位预留印鉴
银行填写	存款单位名称｜存款单位帐号｜期限｜利率｜到期日

会计：　　　　　　　　　　　　复核：

图 4-8　定期存款凭条

人民币单位定期存款账户开户申请书

申请开户日期：

存款人名称				
地　　址				
邮　　编		联系电话		
存款类别	单位通知存款	一般定期存款		
	提前一天通知□	存　期		
	提前七天通知□	是否办理自动转存	是□	否□
基本账户开户银行		基本账户开户许可证核准号		
定期存款款项来源情况	原汇入账户名称			
	原汇入账户开户行名称			
	原汇入账户账号			
开户银行调查人（签章）		开户银行批准人（签章）		
本存款人申请开立人民币单位定期存款账户，并承诺所提供的开户资料真实、有效。 存款人（单位公章）　年　月　日	开户银行审核意见： 经办员（签章） 复核员（签章） 开户银行（业务公章）　年　月　日			

第一联　开户银行留存

填写说明：

本申请书一式两联，一联开户银行留存，一联存款人留存。

图 4-9　人民币定期存款账户开户申请书

2. 定期转活期

定期转活期时,需要填写单位定期取款凭条,如图 4-10 所示,并携带存折。

存折背面要盖银行预留印鉴,可以把印鉴拿到银行,让银行帮忙盖章,避免自己盖得模糊。

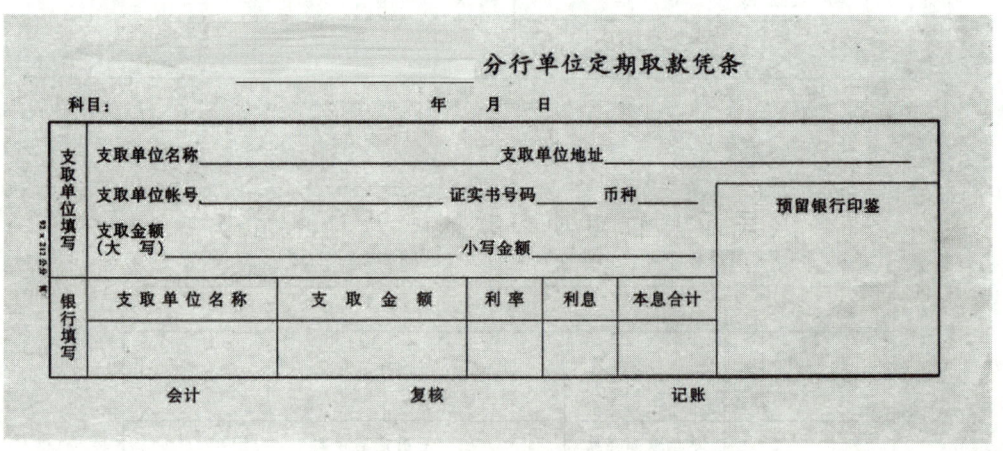

图 4-10　单位定期取款凭条

> 【新手提示】
>
> 放假或休假前,查看各个账户的余额,保证假期账户余额够用。

任务五　支　　票

1. 支票的种类

支票是财务人员签发的,委托办理业务的开户银行在见票时无条件支付支票上确定的金额给收款人或者支票人的票据。支票是常见的一种非常重要的支付结算票据,一定要熟练掌握具体操作。

企业里最常用的支票是现金支票和转账支票。现金支票上印有"现金支票"字样,只能用于提取现金,不能用于转账。转账支票上印有"转账支票"字样,转账支票只能用于转账,不能用于提取现金。

2. 购买支票

出纳填写"票据和结算凭证领用单",写明购买支票的种类和张数,并加盖银行预留印鉴,向开户银行进行购买。

购买支票是需要向所在银行交付费用的。100张转账支票:工本费20,手续费100,共120元。100张现金支票:工本费20,手续费60,共80元。一般情况下,银行会从单位存款中直接扣去相应的支票购买费用。

购买支票时,需要填写银行收费凭证(加盖银行预留印鉴)。

在拿到所购买的空白支票时,应仔细核对支票的张数,支票的起始号码和中间有无断号,以及有无票面损伤、字迹模糊等。一本支票的编号应该是连续的,如果有问题,当面交还银行予以更正,以免为自己以后的工作带来不便。

> 【新手提示】
>
> (1) 如果下午去银行购买支票,银行可能就没有空白支票了或者银行太忙,没时间打印支票,所以,若计划购买支票最好是上午或者下午3点前去银行,或者填写银行收费凭证时,先不写日期,确定哪天能买再填上日期。
>
> (2) 休假之前买好足够的支票,特别是基本账户的转账支票。

3. 签发支票

目前,很多企业已经使用了支票打印软件,现在以"智盟支票打印软件V1.0"为例讲解签发支票的步骤。

(1) 双击打开"智盟支票打印软件V1.0",输入户名和密码。

(2) 在支票上盖好银行预留印鉴(结算财务专用章,人名章),章要盖在大写框以下和支票下沿编码之上,不能压盖大写和下沿编码,不要盖在红字上(如北京银行的支票上"授权支付"字样),盖在空白处。章要清晰、完整,不能有缺口。如果是现金支票,还要在背面右边框中盖银行预留印鉴。

(3) 待支票上的印章晾干后,将支票放入打印机,正面朝上,存根在外面,支票名称在左面。

(4)在"支票编辑打印"对话框中编辑,将"支票类型"(如,农行转账支票,农行现金支票,北京银行转账支票,北京银行现金支票)、"支票号码""出票日期""付款行名称""收款人""金额"和"用途"填写完整,"出票人账号"会自动弹出。填写完整后,点击"打印"。(若为限额支票,应在"金额"处下拉列表框中选择"限万元"或"限百万元")

(5)打印完支票,撕下存根,请经办人在存根下方签字。

(6)填写密码。填写密码时,需要用到密码器。

① 密码器开机:长按密码器右上角红键。

② 选择"1.签发人",点击密码器"确认"键。

③ 选择"01",点击密码器"确认"键。

④ 输入签发人口令"＊＊＊＊＊＊"。

⑤ 恢复关机前状态:点击密码器"确认"键,出现前一张支票的密码,点击密码器"确认"键。

⑥ 选择功能"1.签发凭证",点击密码器"确认"键。

⑦ 选择签发人账号。

⑧ 选择业务种类"1.支票",点击密码器"确认"键。

⑨ 输入凭证数据:

日期:支票的签发日期;

凭证号码:支票右上角第二行八位号码;

金额:支票的金额,若为限额,则"无金额";

若需要更改,点击密码器"清除"键,输入正确的信息后,点击"确认"键。

⑩ 核对基本信息,若没有错误,点击密码器"确认"键。密码器出现16位"支付密码",将其自左向右,自上向下依次抄入支票的"密码"行。

(7)在支票上盖银行预留印鉴。

开具完成的转账支票如图4-11所示。

项目四　账户和银行存款的管理

图 4-11　转账支票

💡 【新手提示】

（1）支票的付款期限为自出票日起 10 日内，中国人民银行另有规定的除外。

（2）虽然是用软件打印支票，但是支票的密码是需要手写的。填写支票密码时，将密码抄写在支票中间的方框内或横线上，如 1234—4567—7894—4562，数字中间的横线可写可不写，但一定不能斜着写。密码不能有涂改，如果密码填写错误，需要重新开具支票。

（3）支票抬头是对方开户银行的户名，不一定是公司的全称或简称。

（4）金额在 100 元以下的，不能签发支票。

（5）支票上的银行预留印鉴一定要清晰、完整，印油也不能太多，否则有晕染，会导致支票作废。

（6）每天早晨上班前可以提前盖几张支票的预留印鉴，既可以提高效率又能保证质量（避免因着急，支票章盖得不清晰），但不要盖太多张支票，要保证当天用完盖章的支票，避免出现安全隐患。

（7）年底的时候如果有比较大的支出，一定要先和银行沟通，确定银行账户有足够的活期资金，避免开空头支票。

（8）若要签发限 2 万元的支票，可以签发两张限额 1 万元的支票。

（9）增加密码器时，需要向银行提交以下材料：

① 法人身份证复印件并加盖公章。

② 经办人身份证原件及复印件,复印件加盖公章。

(10) 签发支票容易出现的错误汇总:

① 拿错支票,如基本账户的支票拿成了工会账户的支票。

② 将两张不同单位的支票开了一张支票。

③ 撕破支票,撕存根的时候,将支票撕坏。

④ 支票盖章盖到了金额上,导致支票作废。

⑤ 看错数字,如支票上是"700"元,看成了"100"元。

⑥ 签发支票时,没有更改密码器的日期,导致支票密码编错。

⑦ 签发支票时,大写金额写错:如¥2 100.50应写成人民币贰仟壹佰元零伍角整,却忘记写"元"。

⑧ 填写支票密码时数字看错位,看颠倒。

⑨ 签发支票时,将对方公司名字写错,如将"北京金郁金香文化发展有限公司"写成"北京金玉金香文化发展有限公司",将"经销部"写成"经营部",将"有限责任公司"写成"有限公司",将"图书馆"写成"图书管"等。

⑩ 支票金额容易少写0.01元。

⑪ 签发支票时,将金额看错,如把"1 600"写成"16 000",将金额为"19 660.38"的支票开成"19 960.38"。

4. 收到支票

业务员办理业务,很可能会收到对方企业交过来的支票。出纳在收到支票时,需要注意以下事项:

(1) 支票要填写完整,有时没有填写金额大小写,需要经办人填写完整。

(2) 支票需要背面背书,"被背书人"填写自己企业的开户行,横线下方填写"委托收款"四个字但是一定写在横线上,然后盖银行预留印鉴。

(3) 收到的支票还需要填写"进账单"(图4-12),银行才予以办理。

① 日期应填存支票的日期。

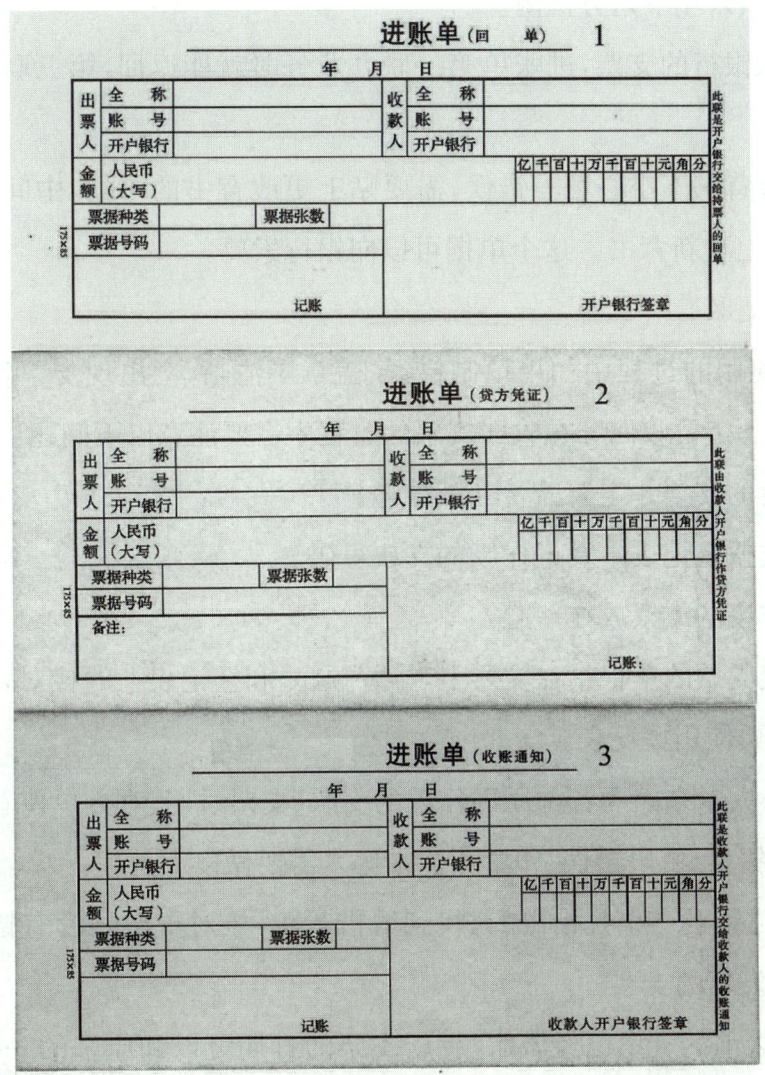

图 4-12 进账单

② 出票人只写名称就可以，要和支票章一致。

③ 收款人写自己企业的名称。

④ 出票人账号和开户行根据支票信息填写。

⑤ 收款人账号和开户行填写自己企业的信息。

⑥ 票据种类为转账支票。

⑦ 票据张数为1。

⑧ 票据号码为支票号。

⑨ 用途填入左下角方框内。

（4）存入银行的支票，进账单第一联办业务时就能返回，第三联需要过几天才能返回。

（5）如果背书不小心填写错误，需要贴上更改背书的单据，中间盖银行预留印鉴，在单据上重新背书。这个单据可以向银行索要。

5. 作废支票

支票在使用的过程中如果填制错误、盖章不清晰，会出现支票作废的情况。作废的支票，一定要收回。在收回支票的过程中需要注意以下问题：

（1）作废的支票一定要盖"作废"戳记。

（2）在支票登记表中登记作废的支票号码。

（3）将作废的支票放在一起。

（4）作废支票的票根粘在支票上，排好顺序，和登记表上的核对，年底统一存放，并编写支票使用情况表。

（5）经办人拿来因为各种原因作废的支票（支票过期、对方单位背书错误、抬头错误、金额错误、密码错误、印鉴不清晰等），需要做以下处理：

① 如果之前的支票是借出的，找到原借款单，核对支票号没有错误后，将其作废，重新签发新的支票。

② 如果之前的支票已经做账，且新支票的日期可以和原来的一样，那么，还使用原来的日期。

任务六　银行对账

银行会向企业出具账户每个月每笔银行业务的发生日期、发生额及存款余额。出纳以此为依据，核对银行日记账是否正确，是否有遗漏或差错，并编制银行存款余额调节表。下面以天翼财务软件为例，在财务系统进行电子对账。

1. 录入对账单

在财务软件中进入对账月份,在"现金与出纳——银行对账"选择相应的账户,点击"纸质对账单录入",检查当前余额,如果正确,点击右下角"增加"按钮,将空白处填写完整,最后点击"保存"。

注意:

(1) 对账单"借贷倒转"一项不用填;没有使用支票的业务,"支票号"也不用填。

(2) 支票的摘要可以从支票登记表中查找到,非支票业务的摘要,要查账。

(3) 银行的借贷方与企业的相反。

(4) 对账单录入时,"结算方式"一栏,"现缴"表示现金收入。

2. 凭证转入

录入对账单以后点击"返回",点击"财务凭证转入",修改"日期范围",在"先进行数据一致性检查"前面打勾,点击"凭证转入",最后点击"返回"。

3. 自动对账

点击"对账管理",在出现的对话框中勾选"自动对账",同时填写"对账截止日期",不要勾选"结算方式相同",然后点击"自动对账开始"。自动对账完成后,在出现的对话框中点击"确定(全部)"和"返回"。

4. 手工对账

点击"手工对账",一般"按金额排序",点击"信息装入",之后,对一条点一次"对账",最后点击下面的"确定所有""返回"。

5. 内部对账

自动对账和手工对账难免出现对不上的情况。例如,银行收入 10 万元的材料款,会计人员可能根据实际情况做了一笔 4 万元的收入和一笔 6 万元的收入,这时候,就会出现对不上账的情况,遇到这种情况,需要在银行对账窗口中点击"内部对账",手动进行核对。

对账完成后,系统自动整理汇总未达账和已达账,生成银行存款余额调节表。

> 💡【新手提示】
>
> (1) 对账一定要及时,以便及时发现问题,及时改正。
>
> (2) 银行对账单显示"转账支出",没有支票号,有可能是以下原因:
>
> ① 如果金额是120、80等,可能是买支票、结算业务申请书、电汇等的手续费。
>
> ② 有可能是扣的保险、残疾人就业保障金,这类金额一般不是整数。
>
> ③ 有可能是个人所得税等。
>
> (3) 对账单显示"收费",有可能是银行收取的手续费。

任务七 银行回单

银行回单是银行在办理相关业务后,将交易信息以凭证的形式反馈给单位的一种证明。以下是常见的银行回单种类。

1. ATM机上的回执单

出纳人员在ATM机上办理业务后,机器自动打印出的一张凭条,包含办理业务的日期、时间、交易类型、交易金额等信息。

2. 柜台上办业务的回执单

客户在柜台办理业务后,柜台人员出具的业务凭证,除了包含交易信息,还可能包括业务办理人员的签名和联系方式等。

3. 对账回执单

银行与企业之间对账单的核对凭证,主要用于核对账户余额或者交易明细,以确保单位和银行之间的账目相符。

4. 银行电子回单

银行电子回单是通过网上银行、手机银行等电子渠道办理业务后,系统自动发送到企业邮箱的一张PDF格式的凭证,内容与传统的纸质凭证基本相同,但易于保存和传输。

5. 存款回单

存款回单记录了存入银行的金额和日期，是存款的书面证据。

6. 取款回单

取款回单显示了取款的金额和日期，是供客户作为交易的记录。

7. 转账回单

转账回单记录了客户之间或客户与其他机构之间的资金转移，包括转账的金额、日期和相关账户信息。

8. 支票回单

支票回单是在企业使用支票进行支付时所获得的回单，记录了支票的编号、付款金额和日期等信息。

9. 贷款回单

贷款回单用于记录企业借款的详细信息，包括贷款金额、利率、还款计划等。

这些回单对于企业而言非常重要，因为它们是交易的有力证明，可以用作日后的纠纷解决和记录。

【新手提示】

在工作中，关于银行回单要注意以下事项：

（1）银行回单有时会在咨询台，比如水单费的扣缴单和发票，有些在回单柜或者银行对公业务窗口。

（2）每周要向银行索要回单（即白色的回执），白单是记账凭证的附件，以证明支票已经使用，银行存款已经支付出去。

（3）做账需要用支票存根、发票、银行回单及其他（如合同）。

（4）每个季度最后一个月会有银行利息入账，之后几天银行会打印利息单，别忘向银行索要或从回单柜取。

（5）小额账户（日均小于10万元）每个季度会有小额账户管理费90元，一般从账户中直接扣取，别忘向银行索要回单或从回单柜取。

（6）银行每个月都会收取无现金系统的手续费即"现金管理服务费"，别忘向银行索要回单或从回单柜取。

（7）从银行办完业务回来，要及时整理银行回单。

思政小课堂

　　账户和银行存款的管理是企业资金流转的重要环节。通过规范的账户管理和严格的资金监控，不仅提高了资金的使用效率，也为企业的合规经营提供了保障。这不仅是对企业资产的保护，也是对国家金融安全的维护。让我们以规范的操作、严格的管理，为国家的金融稳定贡献智慧和力量。

 **项目四练习纸 4-1**

单选题

1. 企业开立银行账户的基本类型不包括(　　)。
   A. 基本存款账户　　　　　　B. 一般存款账户
   C. 临时存款账户　　　　　　D. 个人储蓄账户

2. 开立银行账户时不需要的材料是(　　)。
   A. 三证合一营业执照　　　　B. 企业公章、法人章和财务章
   C. 法人身份证原件　　　　　D. 员工身份证复印件

3. (　　)不是企业在银行开户的流程之一。
   A. 选定开户银行　　　　　　B. 提交相关材料
   C. 等待央行批复　　　　　　D. 直接获得账户使用权

4. 账户年检的时间通常是(　　)。
   A. 每年的1月1日至3月31日
   B. 每年的4月1日至6月30日
   C. 每年的7月1日至9月30日
   D. 每年的10月1日至12月31日

5. 申请工资代发业务时,不是必须提供的材料是(　　)。
   A. 三证合一营业执照的复印件,加盖公章
   B. 经办人的身份证原件、复印件
   C. 法人身份证(正、反面复印)
   D. 员工工资卡号

6. 以下说法错误的是(　　)。
   A. 企业法人发生变化,需要及时在银行变更信息

B. 企业的财务总监或财务负责人发生变化,需要及时在银行变更信息

C. 企业法人变更,和银行说一声即可,不需要履行任何手续

D. 企业的法人变更,或者财务总监发生变动,要及时在银行办理变更手续

7. 更改账户法人、银行预留印鉴时不需要的材料是(　　)。

  A. 三证合一营业执照复印件并盖公章　　B. 法人身份证原件和复印件

  C. 法人授权书　　D. 员工社保记录

8. 定活互转中,活期转定期不需要(　　)。

  A. 签发支票　　B. 存折

  C. 银行预留印鉴　　D. 法人身份证复印件

9. 购买支票时,(　　)不是必需的。

  A. 支票工本费

  B. 支票手续费

  C. 银行账户管理费

  D. 支票密码器费用

10. 收到支票后,以下不是必须进行的是(　　)。

  A. 支票背书　　B. 填写进账单

  C. 核对支票金额　　D. 立即存入银行

项目四练习纸 4-2

案例题

1. 康宸公司刚刚成立,公司需要在银行开立基本存款账户,公司财务张营负责此事。

   问题:

   (1) 张营需要准备哪些材料?

   (2) 开户流程包括哪些步骤?

2. 康宸公司财务李强负责公司的账户年检工作。

   问题:

   (1) 账户年检的时间通常是什么时候?

   (2) 李强需要向银行提交哪些材料?

3. 康宸公司决定通过银行代发员工工资，财务王爽负责申请。

   问题：

   (1) 王爽需要提供哪些材料？

   (2) 银行对公司员工人数有何要求？

4. 康宸公司的财务负责人发生变化，出纳人员王芳准备去银行变更银行预留印鉴。

   问题：

   王芳应准备哪些材料？

5. 康宸公司法人变更，财务王芳需要更新银行账户的法人信息。

   问题：

   (1) 王芳需要向银行提供哪些材料？

   (2) 更改过程中需要注意什么？

6. 康宸公司需要将一部分活期存款转为定期存款,财务王芳负责操作。

问题:

(1) 活期转定期需要什么文件?

(2) 定期转活期需要注意什么?

7. 康宸公司需要购买支票用于日常支付,财务王芳负责此事。

问题:

(1) 王芳购买支票需要支付哪些费用?

(2) 购买支票后需要注意什么?

8. 康宸公司财务王芳在签发支票时,错误地将金额填写为 10 000 元而非正确的 1 000 元。

问题:

(1) 王芳应立即采取什么措施?

(2) 如何防止此类错误再次发生?

9. 康宸公司财务张营负责每月的银行对账工作。

   问题：

   （1）张营在对账时发现了一笔不明支出，他应该怎么办？

   （2）对账完成后，张营需要注意什么？

10. 康宸公司财务王芳负责管理银行回单。

    问题：

    （1）王芳应该如何处理每周收到的银行回单？

    （2）遇到银行回单遗失的情况，王芳应该怎么办？

项目五 发 票

发票是指一切单位和个人在购销商品、提供或接受服务以及从事其他经营活动中,所开具和收取的业务凭证,是会计核算的原始依据,也是审计机关、税务机关执法检查的重要依据。发票既有纸质发票也有电子发票,电子发票与纸质发票具有相同的法律效力。

任务一 识别发票的真伪

识别发票真伪的步骤如下:

(1) 登录国家税务总局官方网站(网址:https://www.chinatax.gov.cn/),如图 5-1 所示。

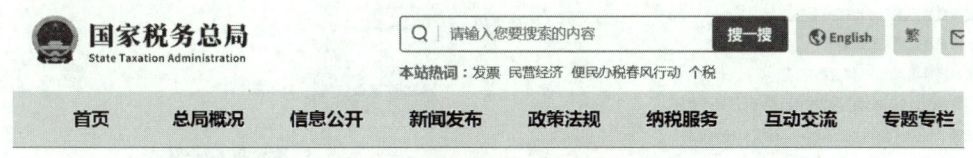

图 5-1 国家税务总局官方网站

(2) 点击界面中的"纳税服务—发票查验",如图 5-2 所示。
(3) 首次查验点击"安装根证书",如图 5-3 所示。
(4) 根据要求,输入"发票代码""发票号码"等信息,点击"查验"按钮。

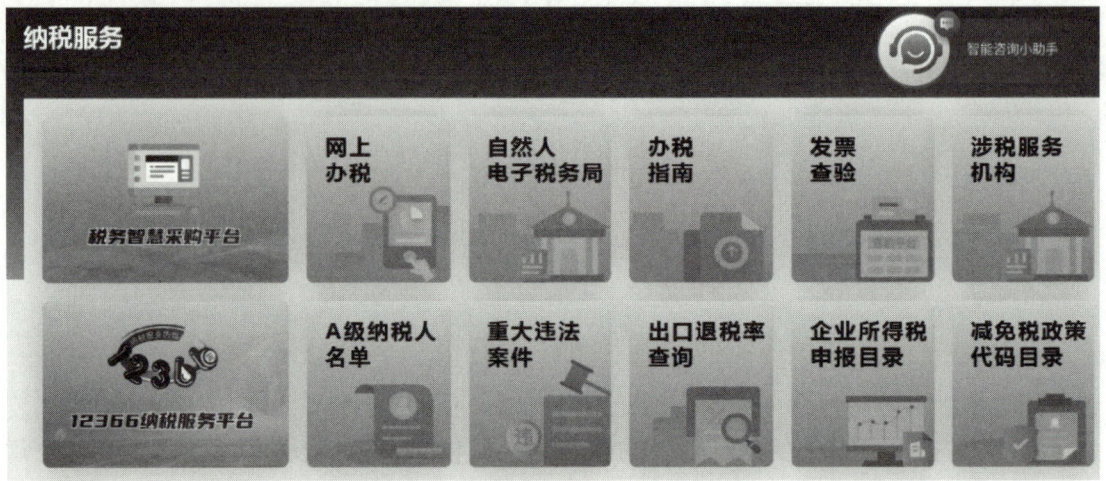

图 5-2　发票查验

图 5-3　安装根证书

💡【新手提示】

(1) 每张发票每天最多可查验 5 次。

(2) 如果遇到个别浏览器无法查验,建议更换浏览器。

（3）如果本张发票，本人第一次查询时，结果不是显示"查询次数：第 1 次"，而是显示第 2 次或第 3 次等以上查询，则本张发票很可能是套用的发票，需要进一步核实是否是假发票。

任务二　认识数电发票

视频：国家税务总局

全面数字化的电子发票（以下简称数电票）（图 5-4）是与纸质发票具有同等法律效力的全新发票，不以纸质形式存在、不用介质支撑、无须申请领用、发票验旧及申请增版增量。纸质发票的票面信息全面数字化，将多个票种集成归并为电子发票单一票种，数电票实行全国统一赋码、自动流转交付。

数电票的法律效力、基本用途与纸质发票相同。其中，带有"增值税专用发票"字样的数电票，其法律效力、基本用途与增值税专用发票相同；带有"普通发票"字样的数电票，其法律效力、基本用途与普通发票相同。

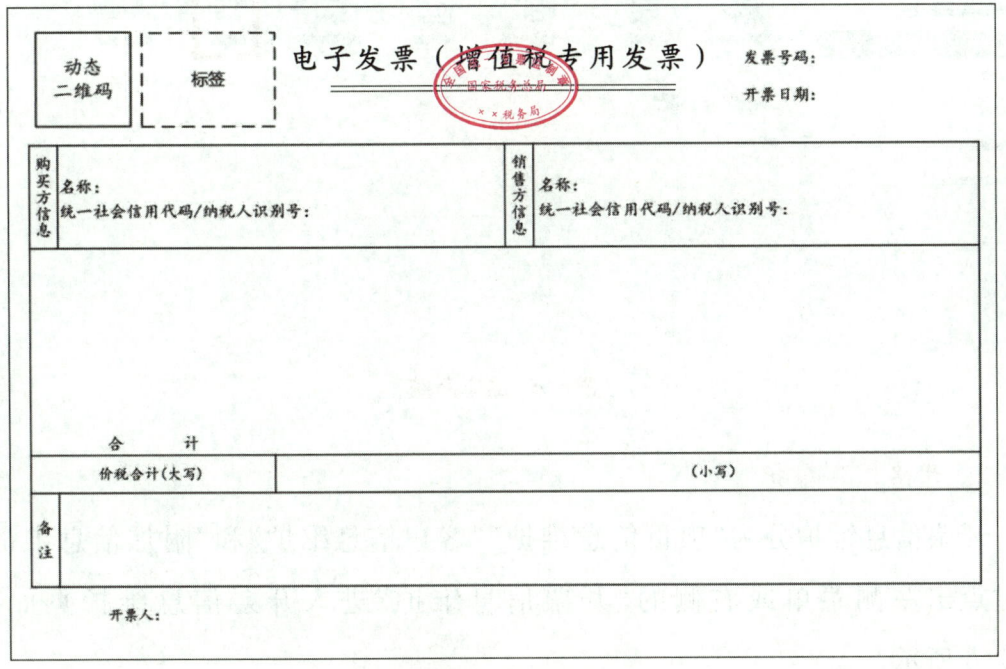

图 5-4　数电票票样

数电票发票号码为 20 位,其中:第 1~2 位代表公历年度后两位,第 3~4 位代表行政区划代码,第 5 位代表数电票开具渠道等信息,第 6~20 位代表顺序编码。

任务三　开具数电发票

1. 进入系统

登录国家税务总局全国电子税务局,在"我要办税"中点击"开票业务"进入开票业务页面,如图 5-5 所示。

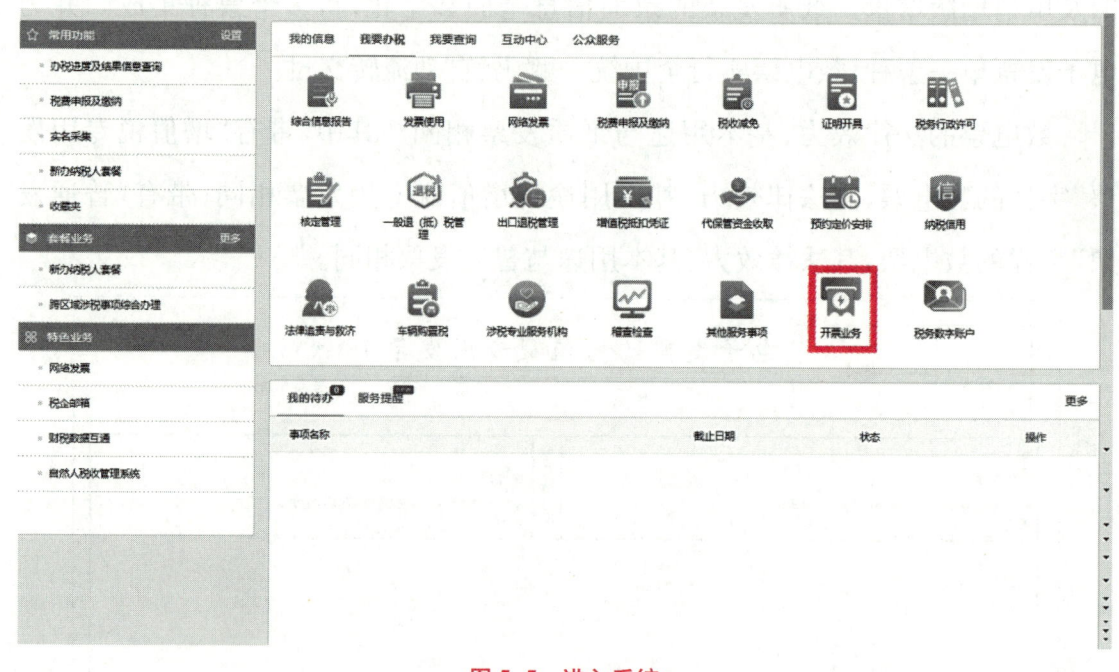

图 5-5　进入系统

2. 开票信息维护

开票信息维护分为"项目信息维护""客户信息维护"和"附加信息维护",通过点击左侧菜单或右侧的"开票信息维护"进入开票信息维护页面,如图 5-6 所示。

图 5-6　开票信息维护

3. 项目信息维护

在开票信息维护页面点击"项目信息维护"按钮,跳转至项目信息维护页面,如图 5-7 所示。

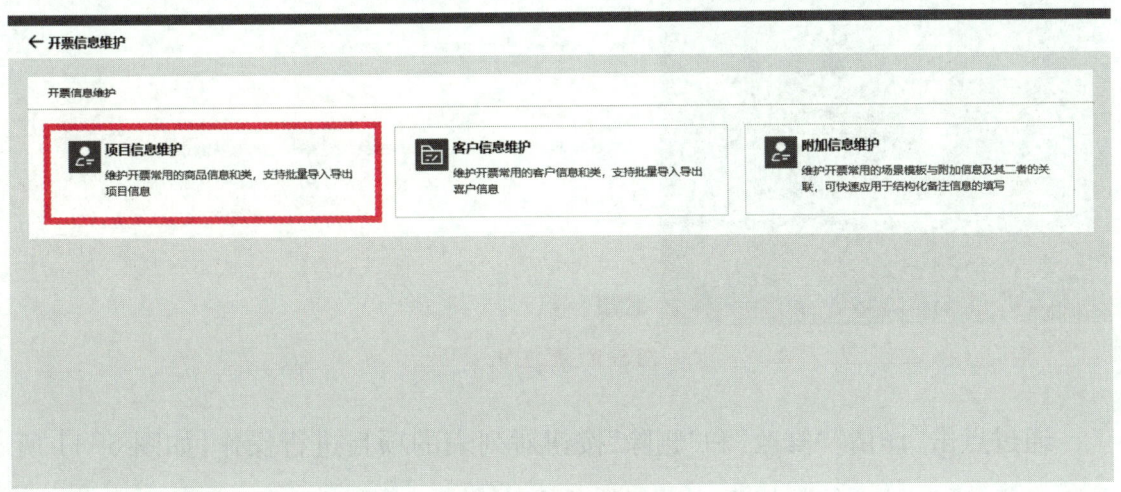

图 5-7　项目信息维护

通过点击"添加"按钮,在维护页面填写项目信息完成维护,如图 5-8 所示。

通过点击"批量导入",选择导入数量及选择文件,核对无误后点击"保存"完成导入,如图 5-9 所示。

通过点击"税控批量导入"体验导入,导入方式与"批量导入"相同,如图 5-10 所示。

图 5-8　添加项目信息

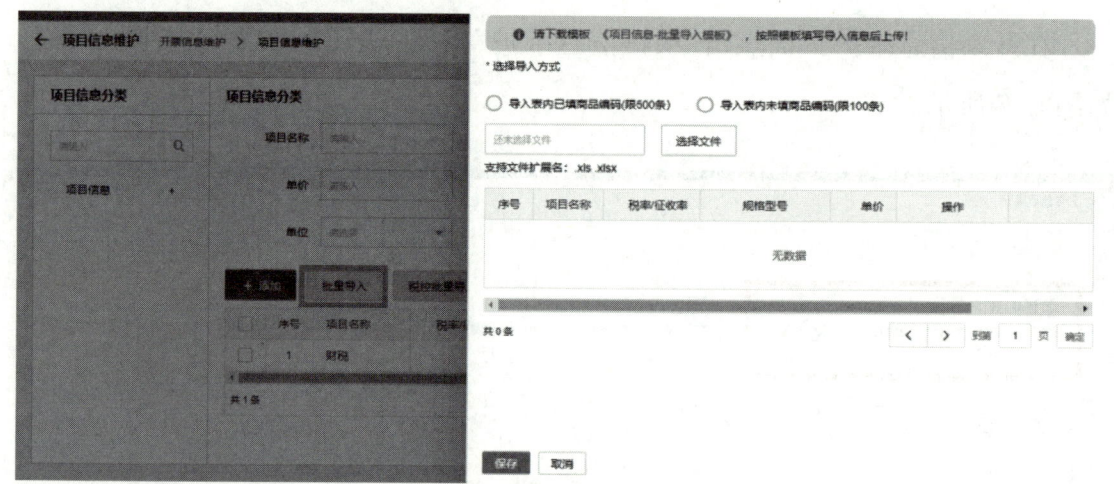

图 5-9　批量导入

通过点击"详情""修改"和"删除"按钮对列表的项目进行操作,如图 5-11 所示。注意:通过导入的数据无法进行修改和删除。

4. 客户信息维护

在开票信息维护页面,通过点击"客户信息维护"按钮,跳转至客户信息维护页面,如图 5-12 所示。

通过点击"添加"按钮,在维护页面填写客户信息完成维护,如图 5-13 所示。

通过点击"详情""修改"和"删除"按钮对列表的项目进行操作,如图 5-14 所示。

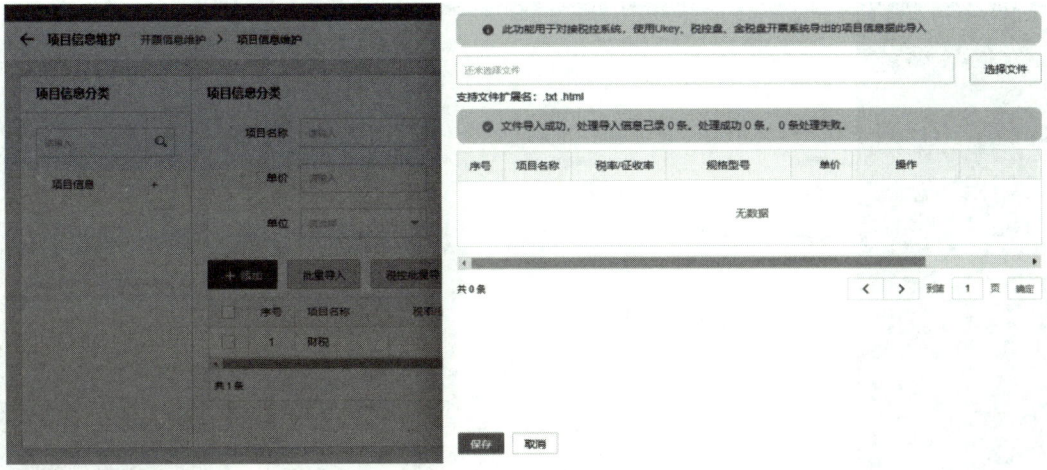

图 5-10 税控批量导入

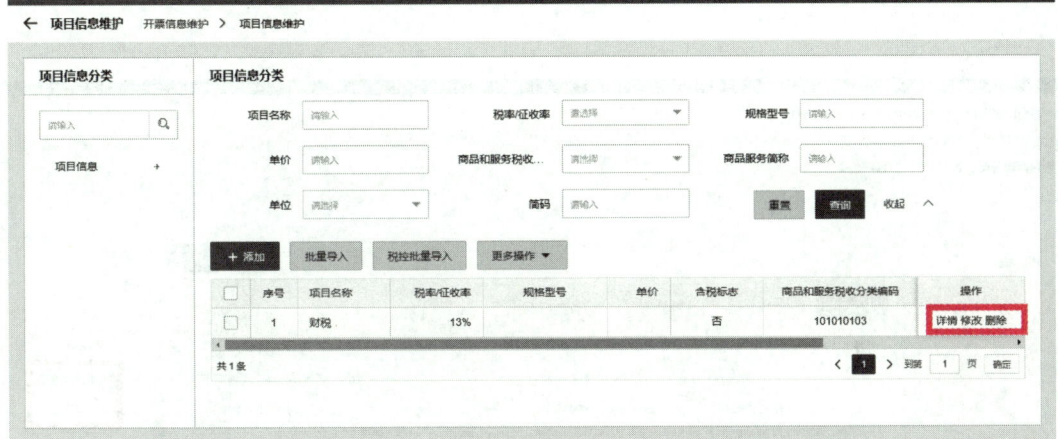

图 5-11 详情/修改/删除列表项目

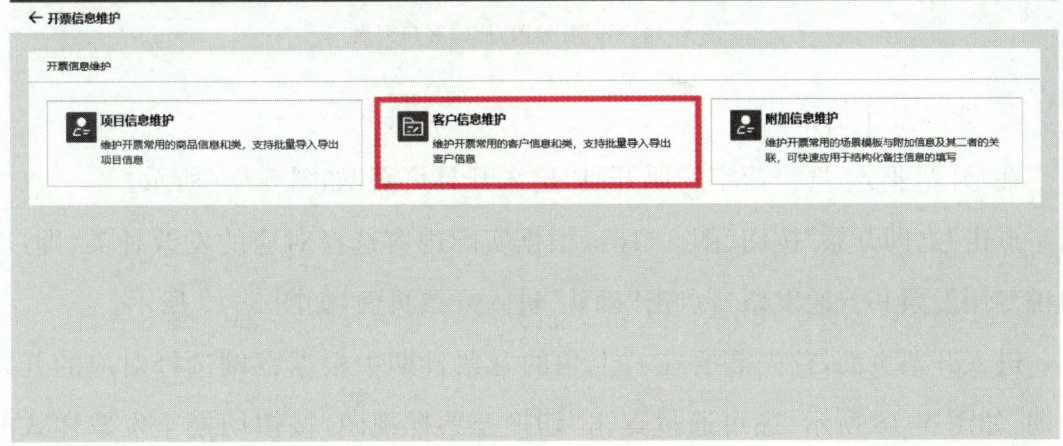

图 5-12 客户信息维护

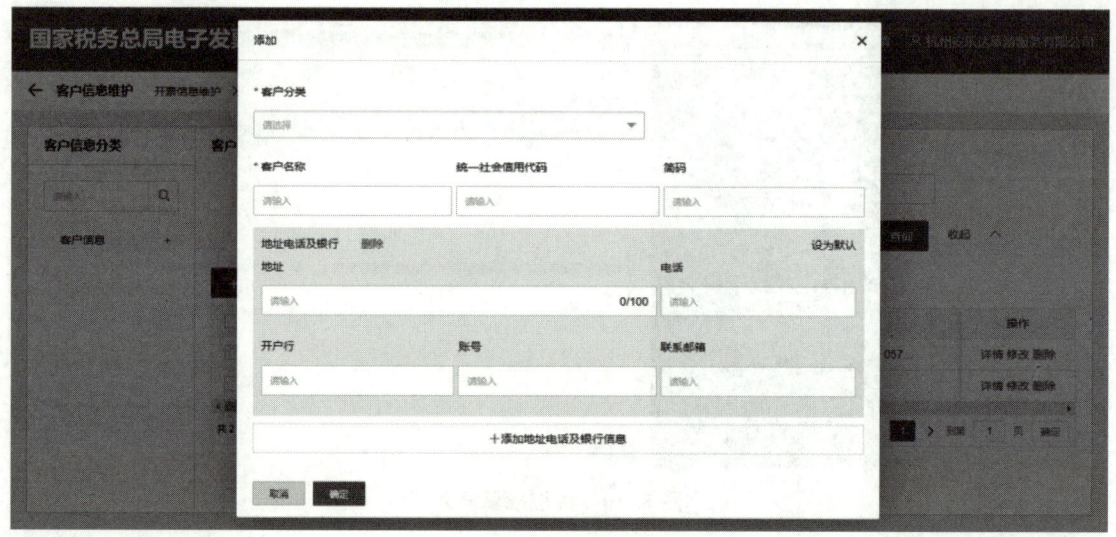

图 5-13 添加客户信息

图 5-14 详情/修改/删除客户列表

5. 开具蓝字发票

在"开票业务"选择蓝字发票开具,进入开具页面,如图 5-15 所示。

点击"立即开票"按钮(图 5-16),根据实际内容选择对应的发票种类(即:增值税专用发票和普通发票),点击"确认"进入开票页面,如图 5-17 所示。

进入开票页面,首先需要在右上角的开票日期中根据案例选择对应的开票日期,如图 5-18 所示;还可通过点击"切换至票样视图"按钮切换至发票样式的开票页面。

项目五 发 票

图 5-15 蓝字发票开具

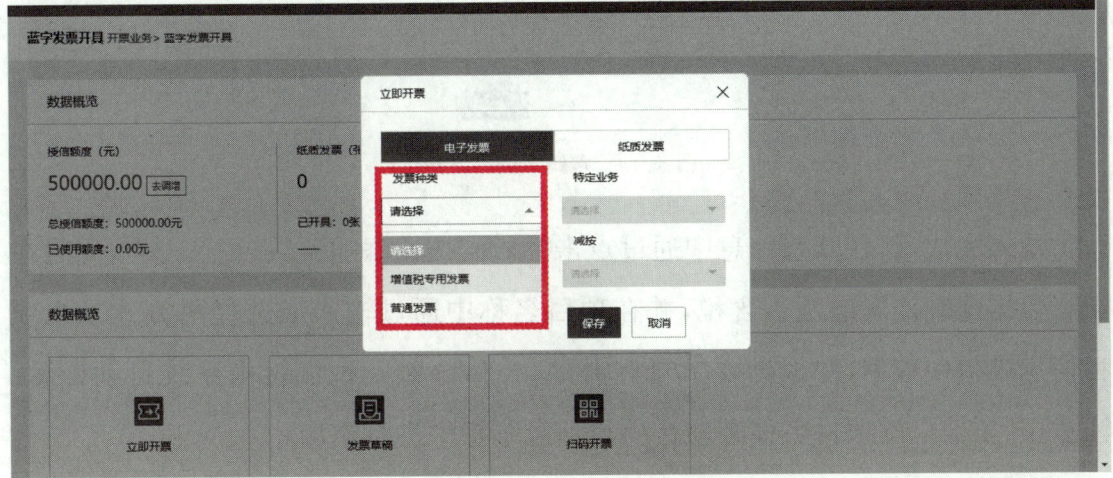

图 5-16 立即开票

图 5-17 选择发票种类

99

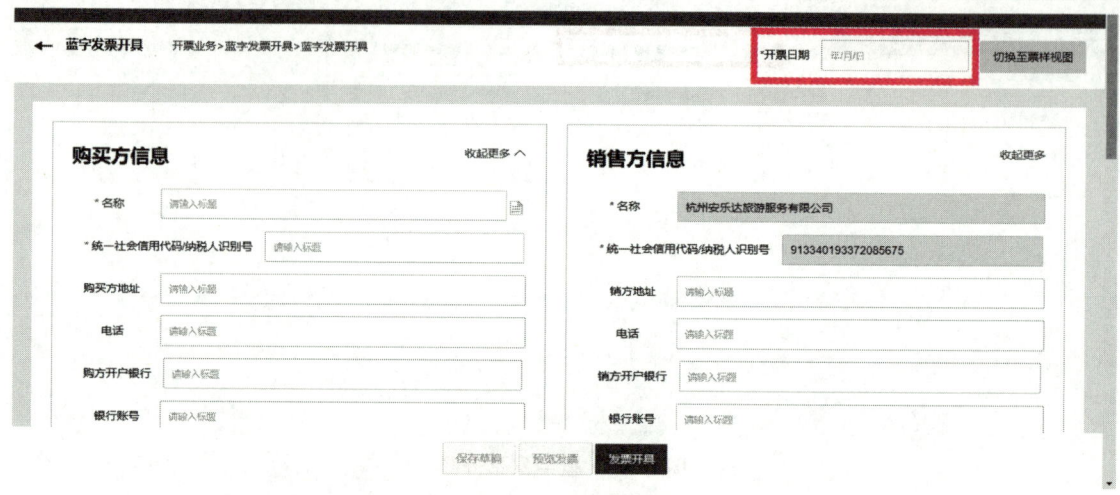

图 5-18　开票日期

选择完开票日期后,在购买方信息中通过输入或选择已维护的客户信息数据完成录入,同时完成销售方信息的核对及录入,如图 5-19 所示。

图 5-19　购销方信息维护

录入完成后,在开票信息中通过点击"添加"按钮添加条数(图 5-20),同时在填写数据前确认发票是否含税,并在项目名称中通过输入或选择的方式录入项目信息维护中数据,并根据要求录入开票信息,金额及税额将由系统自动计算。

注意:开票信息的项目名称必须在项目信息维护中进行添加。

项目五 发 票

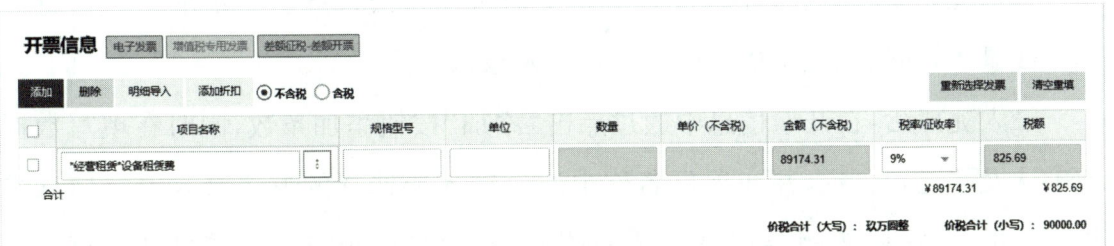

图 5-20 开票信息

录入完开票信息后,根据实际情况确认是否编写备注信息,若需编写则在备注信息内进行维护,最终确认经办人信息内容,如图 5-21 所示。

图 5-21 备注信息和经办人信息

信息填写完毕点击"发票开具"按钮,完成蓝字发票开具。

开票完成后,点击"继续开票"按钮跳转至蓝字发票开具页面;点击"查看发票"按钮跳转至查看页面,点击"退出开具"返回开票业务页面。

6. 开具折扣发票

点击"立即开票"按钮,选择对应的发票种类(即:增值税专用发票和普通发票),点击"确认"按钮进入开票页面。

进入开票页面,需要先在右上角的开票日期中根据案例选择对应的开票日期;还可通过点击"切换至票样视图"按钮切换至发票样式的开票页面。

101

选择完开票日期后,在购买方信息中通过输入或选择已维护的客户信息数据完成录入,同时完成销售方信息的核对及录入。

录入完成后,在开票信息中通过点击"添加"按钮添加条数,同时在填写数据前确认发票是否含税,并在项目名称中通过输入或选择的方式录入项目信息维护中数据,并根据案例要求录入开票信息,金额及税额将由系统自动计算。注意:开票信息的项目名称必须在项目信息维护中进行添加。

开票信息维护完成后,首先勾选需要折扣的项目,并通过点击"添加折扣"按钮(图5-22),选择折扣方式、折扣录入方式(图5-23),输入折扣金额,点击"保存"按钮,完成折扣发票的开具(图5-24)。

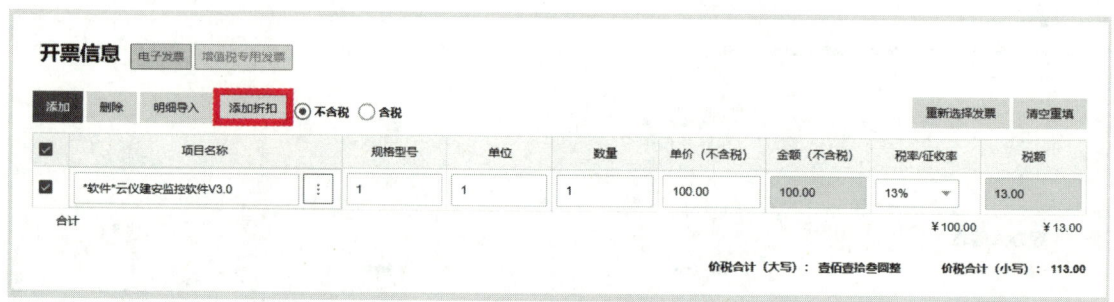

图5-22　添加折扣

图5-23　录入折扣信息

图 5-24　开票信息（折扣发票）

录入完开票信息后，根据实际情况确认是否编写备注信息，若需编写则在备注信息内进行维护，最终确认经办人信息内容。

信息填写完毕点击"发票开具"按钮，完成开具。

开票完成后，通过点击"继续开票"按钮跳转至蓝字发票开具页面；点击"查看发票"按钮跳转至查看页面，点击"退出开具"返回开票业务页面。

7. 开具清单发票

点击"立即开票"按钮，选择对应的发票种类（即：增值税专用发票和普通发票），点击"确认"进入开票页面。

进入开票页面，首先需要在右上角的开票日期中根据案例选择对应的开票日期，还可通过点击"切换至票样视图"按钮切换至发票样式的开票页面。

选择完开票日期后，在购买方信息中通过输入或选择已维护的客户信息数据完成录入，同时完成销售方信息的核对及录入。

录入完成后，通过点击"明细导入"按钮（图5-25），点击下载《发票开具-项目信息批量导入模板》，填写完成后通过上传的方式完成清单发票的开票信息导入（图5-26），也可以通过添加的方式，录入多条项目信息，从而完成清单发票的开具。注意：开票信息的项目名称必须在项目信息维护中进行添加，且导入时候需要根据实际情况选择是否含税。

录入完开票信息后，根据实际情况确认是否编写备注信息，若需编写则在备注信息内进行维护，最终确认经办人信息内容。

信息填写完毕点击"发票开具"按钮，完成发票开具。

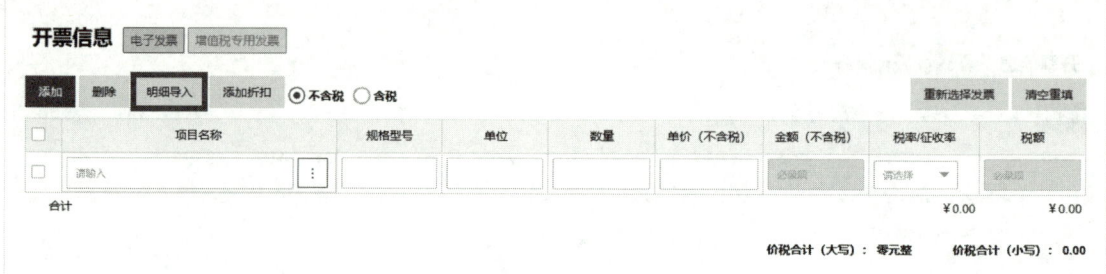

图 5-25　明细导入

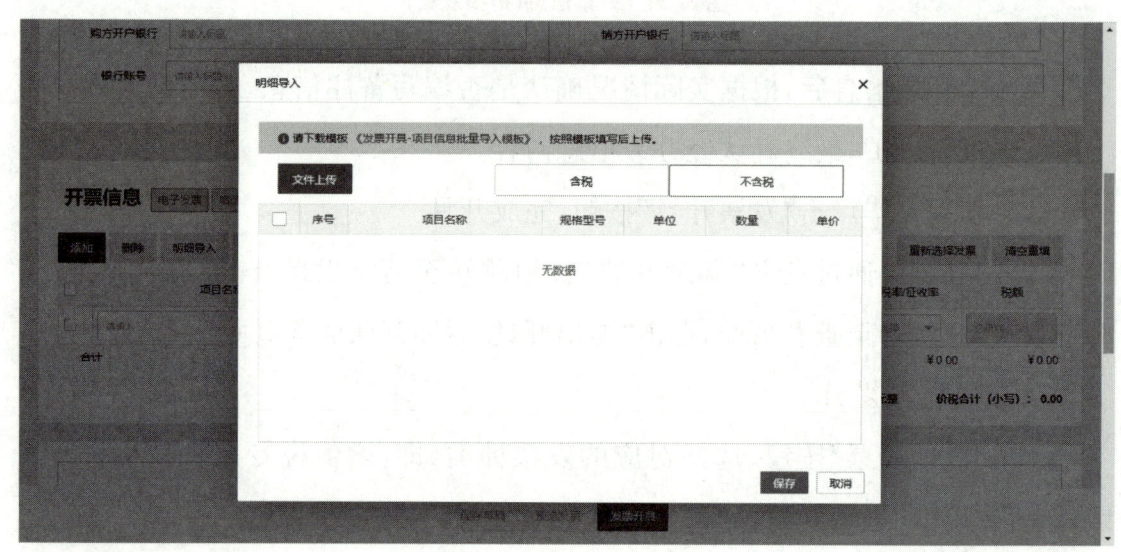

图 5-26　项目信息批量导入

开票完成后,点击"继续开票"按钮跳转至蓝字发票开具页面;点击"查看发票"按钮跳转至查看页面,点击"退出开具"返回开票业务页面。

8. 开具差额发票

点击"立即开票"按钮,选择对应的发票种类(即:增值税专用发票和普通发票)及差额开票信息(即:差额征税-差额开票、差额征税-全额开票),点击"确认"按钮进入开票页面。

进入开票页面,需要先在右上角的开票日期中根据案例选择对应的开票日期;还可通过点击"切换至票样视图"按钮切换至发票样式的开票页面。

选择完开票日期后,在购买方信息中通过输入或选择已维护的客户信息数据完成录入,同时完成销售方信息的核对及录入。

录入完成后,在开票信息中通过点击"添加"按钮添加条数,同时在填写数据前确认发票是否含税,并在项目名称中通过输入或选择的方式录入项目信息维护中数据,在项目名称及税率数据填写完成后,自动弹出"差额信息录入"页面,在其中输入含税销售额、录入方式、凭证类型、凭证合计金额、本次扣除金额和备注信息,并保存完成开票信息录入(图5-27)。注意:开票信息的项目名称必须在项目信息维护中进行添加。

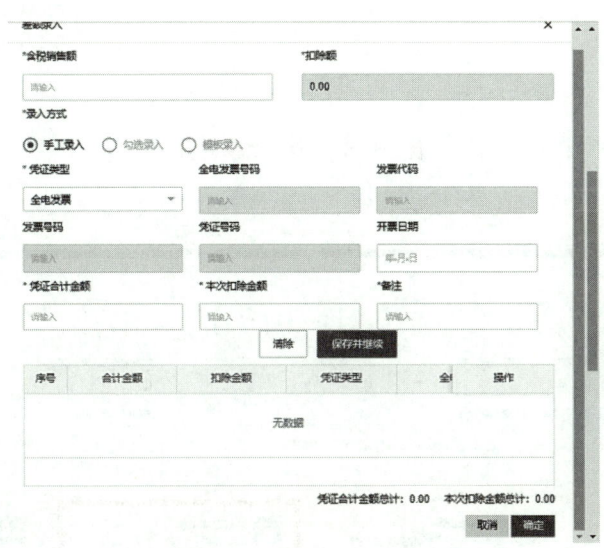

图5-27　差额信息录入

录入完开票信息后,根据实际情况确认是否编写备注信息,若需编写则在备注信息内进行维护,最终确认经办人信息内容。

信息填写完毕点击"发票开具"按钮,完成票据开具。

开票完成后,通过点击"继续开票"按钮跳转至蓝字发票开具页面;点击"查看发票"按钮跳转至查看页面,点击"退出开具"返回开票业务页面。

9. 开具红字发票

通过开票业务页面点击"红字发票开具"按钮,进入红字发票开具页面,如图5-28所示。

在红字发票开具页面,销售方的红字发票开具需通过点击"冲红蓝字发票"按钮(图5-29),进入新增红字发票信息确认单页面。

图 5-28 红字发票开具

图 5-29 冲红蓝字发票

在新增红字发票信息确认单页面选择所需的蓝字发票，点击"选择"按钮，如图 5-30 所示。

在信息确认页面中，开具红字发票原因选择开票有误，选择完成后点击"提交"按钮，如图 5-31 所示。

提交成功点击"继续新增确认单"按钮在选择票据中进行选择，点击"返回"按钮进入红字发票开具页面，开具红字发票。

红字发票信息确认单须由购买方通过后（购买方审核通过由系统自动操

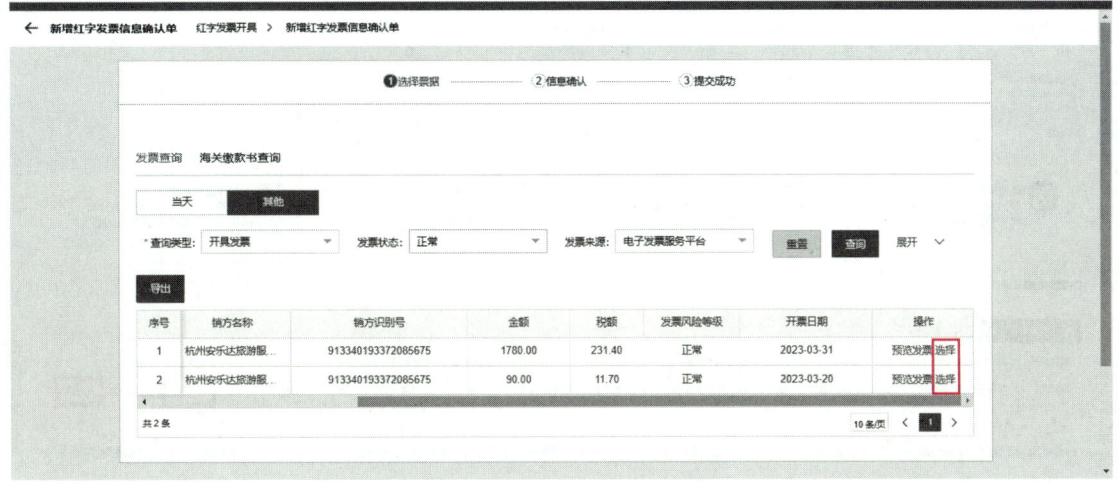

图 5-30　选择发票

图 5-31　点击"提交"

作),销售方才可继续开具红字发票。销售方在红字发票信息确认单中"我发出的"点击"去开票"或"未开具"进入红字发票开具页面(图 5-32);也可点击"撤销"按钮重新选择蓝字发票进行申请。注意:已开具红字发票的申请单不可进行撤销操作。

在项目明细中核对红字发票信息无误后,点击"开具发票"按钮完成红字发票开具(图 5-33),并在提交成功页面通过查看、关闭进行后续操作。

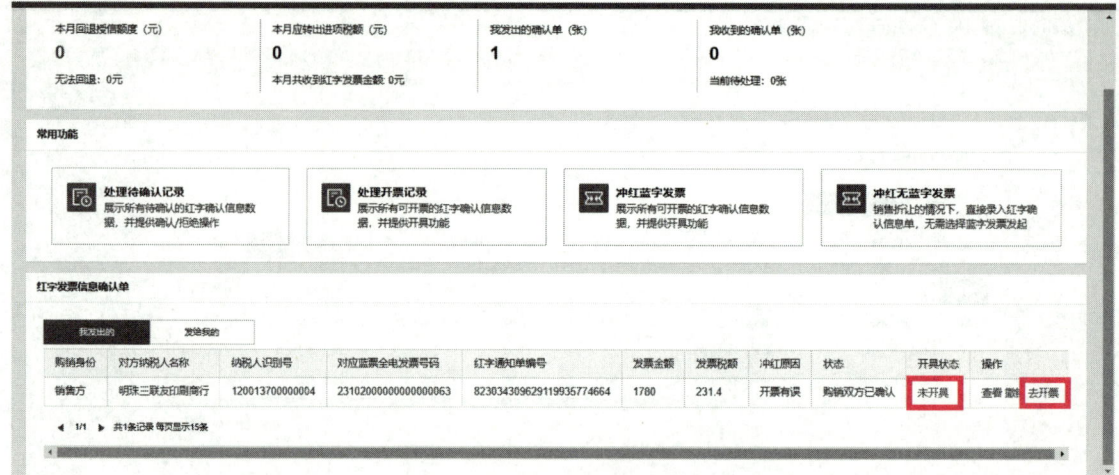

图 5-32 选择确认

图 5-33 开具发票

10. 税务数字账户

在我要办税页面中点击"税务数字账户"按钮，进入对应页面，如图 5-34 所示。

（1）查询发票。已开具的蓝字发票和红字发票需通过税务数字账户的"发票查询统计"按钮进入，如图 5-35 所示。选择"全量发票查询"在该页面中查询已开具完成的票据，如图 5-36 和图 5-37 所示。

项目五 发 票

图 5-34 税务数字账户

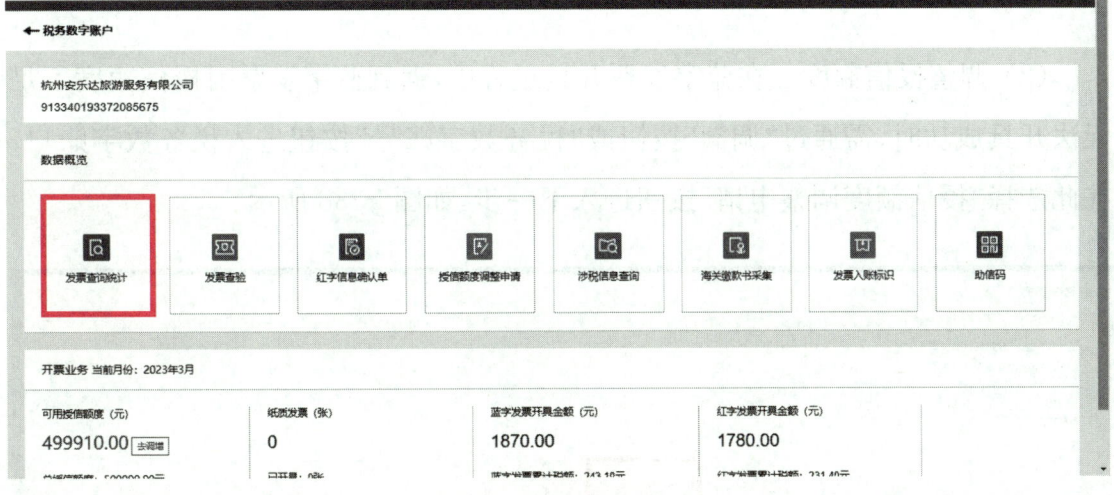

图 5-35 发票查询统计

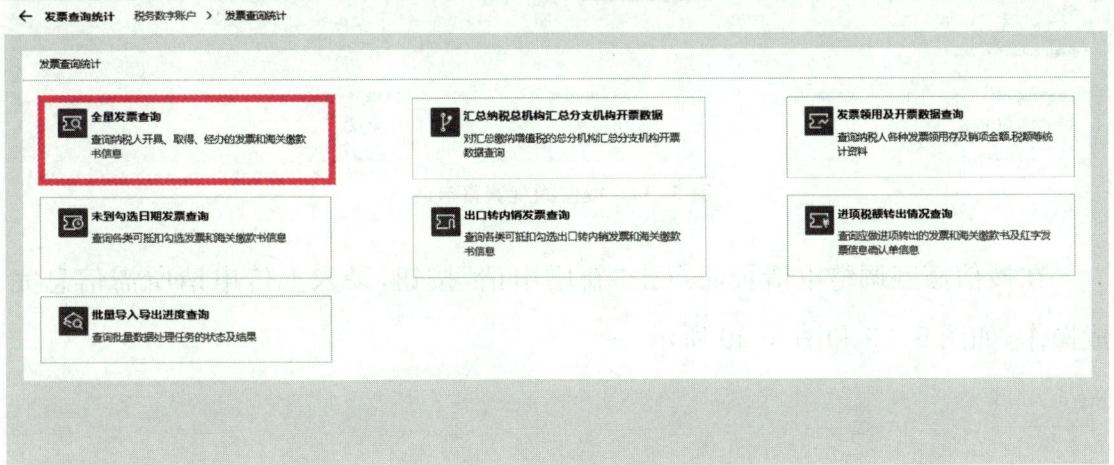

图 5-36 全量发票查询

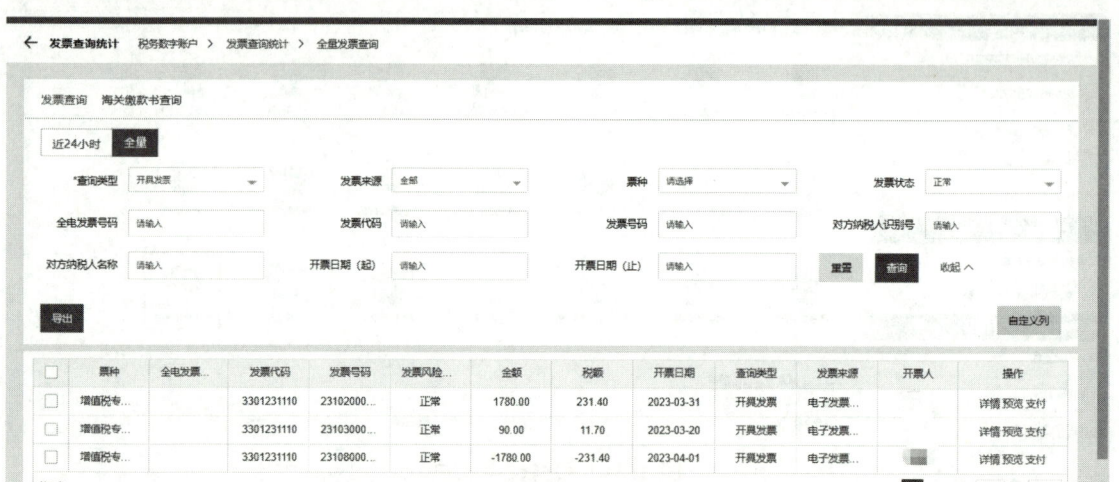

图 5-37 发票查询

（2）调整授信额度。在蓝字发票开具过程中，遇到蓝字发票因授信额度不足无法开具成功时，需通过"调额"按钮或"税务数字账号"按钮进入税务数字账户，在此选择"授信额度调整申请"按钮进入下一步，如图 5-38 所示。

图 5-38 授信额度调整申请

在授信额度调整申请页面点击"新增申请"按钮，录入上传申请所需信息完成操作，如图 5-39 和图 5-40 所示。

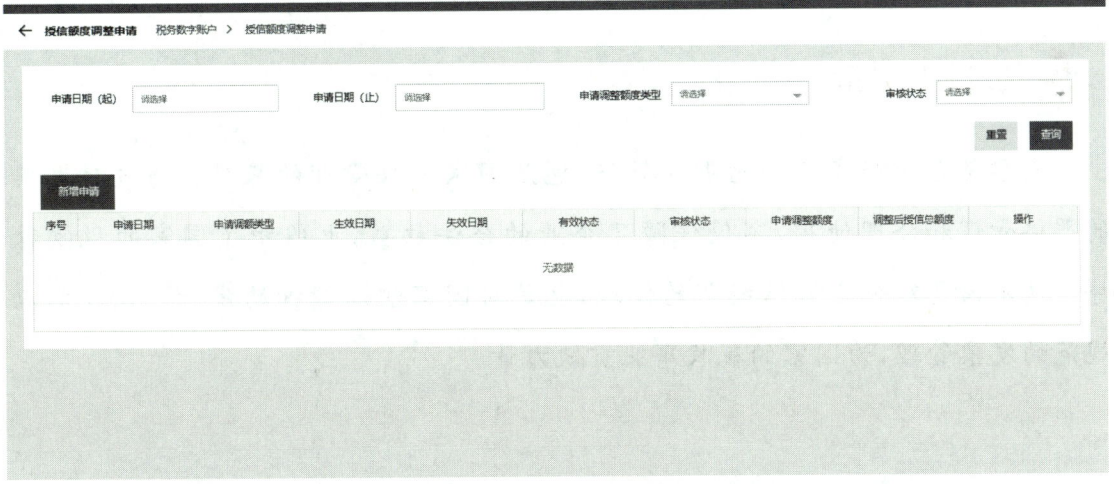

图 5-39　新增申请

图 5-40　授信额度调整详情

思政小课堂

发票是企业经济活动的重要凭证,也是国家税收管理的基础。通过对发票的严格管理和合理使用,不仅保障了企业的合法权益,也维护了国家的税收秩序。这不仅是对企业诚信经营的体现,也是对国家法治精神的践行。让我们以规范的发票管理,为国家的税收事业贡献力量。

项目五练习纸 5-1

查询发票真伪　练习纸一

请登录国家税务总局网站查询图 5-41 发票的真伪。

			电子发票（普通发票）				发票号码：24122000000002396262	
							开票日期：2024年01月13日	

购买方信息	名称：个人				销售方信息	名称：当当网信息技术（天津）有限公司		
	统一社会信用代码/纳税人识别号：					统一社会信用代码/纳税人识别号：91120222581343895T		

项目名称	规格型号	单位	数量	单价	金额	税率/征收率	税额
*印刷品*多莱尔的希腊神话书		套	1	48.5	48.50	免税	***
*印刷品*运费		件	1	5	5.00	免税	***
合　计					¥53.50		¥0.00
价税合计（大写）	⊗伍拾叁圆伍角整				(小写)¥53.50		
备注	48117270376； 收款人：徐聪聪；　复核人：魏巧莲；						

开票人：范会茹

图 5-41　发票 1

项目五练习纸 5-1

查询发票真伪　练习纸二

请登录国家税务总局网站查询图 5-42 发票的真伪。

| 发票号码：24312000000028004961 |
| 开票日期：2024年01月26日 |

购买方信息	名称：个人
	统一社会信用代码/纳税人识别号：
销售方信息	名称：上海云间世纪文化科技有限公司
	统一社会信用代码/纳税人识别号：91310105MA1FWJTP88

项目名称	规格型号	单位	数量	单价	金额	税率/征收率	税额
*印刷品*奥德赛/伊利亚特留住故事系列上海人民出版社世纪文景			1	175.14	175.14	免税	***
*印刷品*奥德赛/伊利亚特留住故事系列上海人民出版社世纪文景					-36.16	免税	***
合　计					¥138.98		¥0.00
价税合计（大写）	⊗壹佰叁拾捌圆玖角捌分				（小写）¥138.98		
备注	订单号：288588884711						

开票人：蒋璐洁

图 5-42　发票 2

项目五练习纸 5-1

查询发票真伪　练习纸三

请登录国家税务总局网站查询图 5-43 发票的真伪。

					电子发票（普通发票）			发票号码：24312000000028004961	
								开票日期：2024年01月26日	

购买方信息	名称：个人 统一社会信用代码/纳税人识别号：				销售方信息	名称：上海云间世纪文化科技有限公司 统一社会信用代码/纳税人识别号：91310105MA1FWJTP88			
项目名称	规格型号	单位	数量		单价	金额	税率/征收率		税额
*印刷品*奥德赛/伊利亚特留住故事系列上海人民出版社世纪文景			1		175.14	175.14	免税		***
*印刷品*奥德赛/伊利亚特留住故事系列上海人民出版社世纪文景						-36.16	免税		***
合　　计						￥138.98			￥0.00
价税合计（大写）		⊗壹佰叁拾捌圆玖角捌分				（小写）￥138.98			
备注	订单号：288588884711								

开票人：蒋璐洁

图 5-43　发票 3

查询发票真伪 练习纸四

请登录国家税务总局网站查询图 5-44 发票的真伪。

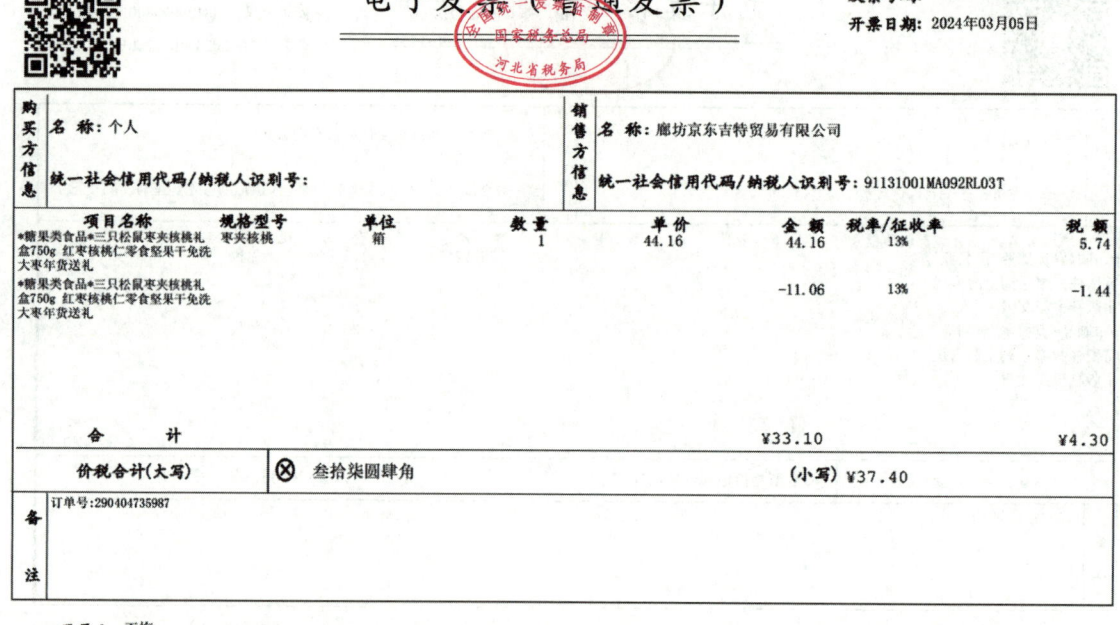

图 5-44 发票 4

项目五练习纸 5-1

查询发票真伪　练习纸五

请登录国家税务总局网站查询图 5-45 发票的真伪。

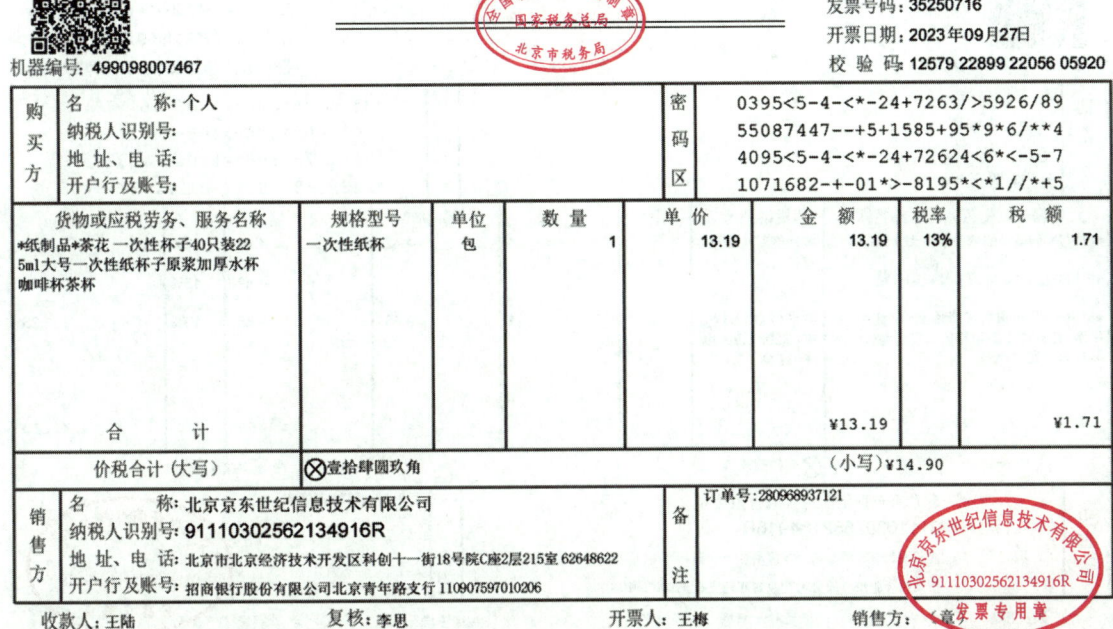

图 5-45　发票 5

出纳岗位实训

项目五练习纸 5-1

查询发票真伪　练习纸六

请登录国家税务总局网站查询图 5-46 发票的真伪。

北京增值税电子普通发票

发票代码：011002301311
发票号码：40506941
开票日期：2023年09月23日
校 验 码：07345 29067 01177 60992

机器编号：499098004186

购买方	名称：个人 纳税人识别号： 地址、电话： 开户行及账号：					密码区	0356<+/5*896*/5<06*461>76+8< 0608<<03>0*<9>665+7673/4/5+9 +256<+/5*896*/5<066-10378588 *//2>3-8+201>7-81921<+<+<<85		
货物或应税劳务、服务名称	规格型号	单位	数量	单价	金额		税率	税额	
*日用杂品*多功能双头螺丝刀（赠品）	多功能双头螺丝刀	个	1	4.42	4.42		13%	0.58	
*日用杂品*多功能双头螺丝刀（赠品）					-4.42		13%	-0.58	
*原电池*传应南孚石墨烯CR2032纽扣电池5粒3V锂电池适用大众奥迪现代等汽车钥匙遥控器	南孚(NANFU)传应 CR2032纽扣电池5粒 全	卡	1	9.65	9.65		13%	1.25	
合　计					¥9.65			¥1.25	
价税合计（大写）	⊗壹拾圆玖角				（小写）¥10.90				
销售方	名　称：北京京东世纪信息技术有限公司 纳税人识别号：91110302562134916R 地址、电话：北京市北京经济技术开发区科创十一街18号院C座2层215室 62648622 开户行及账号：招商银行股份有限公司北京青年路支行 110907597010206					备注	订单号:276708350846		
收款人：王陆	复核：李思			开票人：王梅			销售方：（章）		

图 5-46　发票 6

项目五练习纸 5-1

查询发票真伪　练习纸七

请登录国家税务总局网站查询图 5-47 发票的真伪。

天津增值税电子普通发票

发票代码：012002300111
发票号码：43016617
开票日期：2023 年 07 月 24 日
校验码：46503 35833 26875 43710

机器编号：661911949830

购买方	名　称：个人				密码区	7/00>59<1-+>3<-3060558566-/ 4683<<<>5831+0--51325/0701> 6<<1>5/594)*>*822<25041/*8> 07317473<<<>5831+0--5134*54			
	纳税人识别号：								
	地　址、电　话：								
	开户行及账号：								
货物或应税劳务、服务名称	规格型号	单位	数量	单价	金额	税率	税额
*家用厨房电器具*小熊（Bear）便携式烧水壶电水壶折叠水壶烧水杯旅行家用恒温水壶养生冲奶保温	ZDH-A06G1	台	1	123.01	123.01	13%	15.99
*家用厨房电器具*小熊（Bear）便携式烧水壶电水壶折叠水壶烧水杯旅行家用恒温水壶养生冲奶保温					-0.09	13%	-0.01
合　计					¥122.92		¥15.98
价税合计（大写）	⊗壹佰叁拾捌圆玖角				（小写）¥138.90		
销售方	名　称：天津京东创升贸易有限公司 纳税人识别号：91120224MA06GQA63R 地　址、电　话：天津市宝坻区中关村大道与西环北路交口中关村科技城展示中心225室 010-57807000 开户行及账号：中国银行天津宝坻支行 271387297233				备注	订单号：278132986603		

收款人：王陆　　　复核：李思　　　开票人：王梅　　　销售方：（章）

图 5-47　发票 7

项目五练习纸 5-1

查询发票真伪　练习纸八

请登录国家税务总局网站查询图 5-48 发票的真伪。

| 发票代码：037022200111 |
| 发票号码：80470934 |
| 开票日期：2023 年 01 月 26 日 |
| 校 验 码：44070 24149 42193 00122 |

机器编号：661103124717

购买方	名　称：个人 纳税人识别号： 地　址、电　话： 开户行及账号：				密码区	728*-9*1/7>*9*063613-56*6-5 53268131958/-1<0339>>->9*> *+361-2+8*<7267198900423776 <49161/68131958/-1<0339/63-			
货物或应税劳务、服务名称		规格型号	单位	数量	单价		金额	税率	税额
*交通运输设备*博尔改 车载手机支架汽车仪表台中控台前挡风玻璃导航磁吸多功能吸盘车内卡扣式通		SJZJ	台	1	17.61		17.61	13%	2.29
*交通运输设备*博尔改 车载手机支架汽车仪表台中控台前挡风玻璃导航磁吸多功能吸盘车内卡扣式通							-0.02	13%	0.00
*物流辅助服务*配送费		无	次	1	7.55		7.55	6%	0.45
合　计							¥25.14		¥2.74
价税合计（大写）	⊗ 贰拾柒圆捌角捌分						（小写）¥27.88		
销售方	名　称：青岛京东昌益得贸易有限公司 纳税人识别号：91370281MA3C2BW83D 地　址、电　话：山东省青岛市胶州市经济技术开发区渭河路 17660900906 开户行及账号：交通银行股份有限公司青岛崂山支行 372005570018000008457				备注	订单号：260448038337			
收款人：王陆		复核：李思		开票人：王梅			销售方：（章）		

图 5-48　发票 8

项目五练习纸 5-1

查询发票真伪　练习纸九

请登录国家税务总局网站查询图 5-49 和图 5-50 发票的真伪。

北京增值税电子普通发票		
发票代码：011002301311		
发票号码：37504873		
开票日期：2023年09月27日		
校验码：10032 55735 73178 82071		

机器编号：499098004039

购买方	名　称：个人 纳税人识别号： 地　址、电　话： 开户行及账号：	密码区	03-/9389242/5617>86/23</8543 68>8<-5/>0-/9389242/56179-26 >8-/9389242/5617>83+8*8+-901 8>383148-/01*>-81972</-181*6

货物或应税劳务、服务名称 (详见销货清单)	规格型号	单位	数量	单价	金　额	税率	税　额
					88.98	免税	***
合　计					¥88.98		***
价税合计（大写）　㊀捌拾捌圆玖角捌分					（小写）¥88.98		

销售方	名　称：北京京东世纪信息技术有限公司 纳税人识别号：91110302562134916R 地　址、电　话：北京市北京经济技术开发区科创十一街18号院C座2层215室 62648622 开户行及账号：招商银行股份有限公司北京青年路支行 110907597010206	备注	订单号：280968136999

收款人：王陆　　　复核：李思　　　开票人：王梅　　　销售方：（章）发票专用章

图 5-49　发票 9-1

销售货物或者提供应税劳务、服务清单

购买方名称：个人

销售方名称：北京京东世纪信息技术有限公司

所属增值税电子普通发票代码：011002301311　　　号码：37504873　　　　　　　　　　共 1 页 第 1 页

序号	项目名称	规格型号	单位	数量	单价	金额	税率	税额
1	*印刷品*新修订升级版 中国地图册（行政区划版）资料新 自然人文地理 省市城市区域地	无	个	1	27.2	27.20	免税	***
2	*印刷品*新修订升级版 中国地图册（行政区划版）资料新 自然人文地理 省市城市区域地	无				-0.02	免税	***
3	*印刷品*2023年 浙江省交通旅游图（浙江省地图）出行规划 景点分布 旅游向导 地市规划	无	个	1	9	9.00	免税	***
4	*印刷品*2023年 北京城市地图（折叠地图 展开尺寸1080*765mm）	无	个	1	9	9.00	免税	***
5	*印刷品*香港特别行政区旅游交通图 香港地图景点咨询 中环、湾仔、铜锣湾区域详细地图	无	平装	1	10.8	10.80	免税	***
6	*印刷品*2023澳门特别行政区地图（盒装折叠）-中国分省系列地图 尺寸：0.749米*1.068	无	平装	1	15	15.00	免税	***
7	*印刷品*广东、海南自驾游地图册-中国分省自驾游地图册系列（广东、海南地图、旅游地	无	个	1	18	18.00	免税	***
小计						￥ 89.00		
折扣						￥ -0.02		
总计						￥ 88.98		***

备注：东单号:280968136999

销售方：（章）　　　　　　　　　　　　　　　　　　　　　　　　开票日期：2023年09月27日

图 5-50　发票 9-2

项目六 Excel 的使用

Excel 是一种强大的电子表格制作软件，它不仅具有强大的数据组织、分析和统计功能，还可以通过图表、图形等多种形式将处理结果形象地显示出来，并且能够方便地与 Office 其他软件互相调用数据。出纳人员在工作中如果能够熟练地使用 Excel，会大大提高工作效率。

任务一 在 Excel 中创建函数

在 Excel 中创建函数有两种方法，一种是直接在单元格中输入函数的内容，这种方法需要对函数有足够的了解；另一种方法是使用【公式】→【插入函数】命令，这种方法比较简单，它不需要对函数进行全面的了解，而是以提供函数选择的方式进行创建。

1. 直接输入

> **例**：在单元格 C4 中输入求积函数，求出 A2 和 B2 单元格数值的积。
> 选择单元格 C4，输入公式"＝A2＊B2"，按 Enter 键，或单击编辑栏中的输入按钮"√"，则可在 C4 单元格显示计算结果，如图 6-1 所示。

2. 插入函数

首先，选择需要插入函数的单元格。

其次，选择【公式】→【插入函数】命令，或单击编辑栏上的插入图标 f_x，弹出

 出纳岗位实训

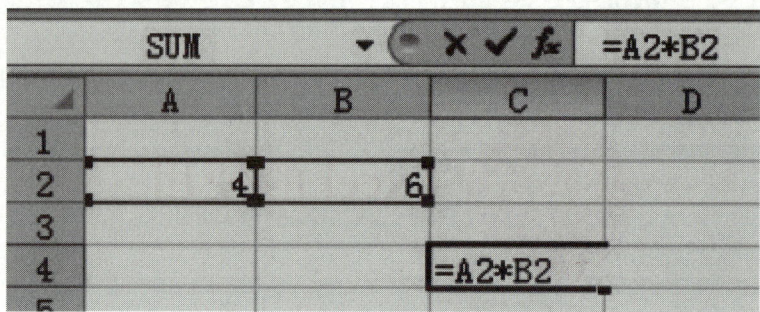

图 6-1　求积函数

【插入函数】对话框。

其次，在【选择函数】下拉列表框中选择所需要的函数，如图 6-2 所示。

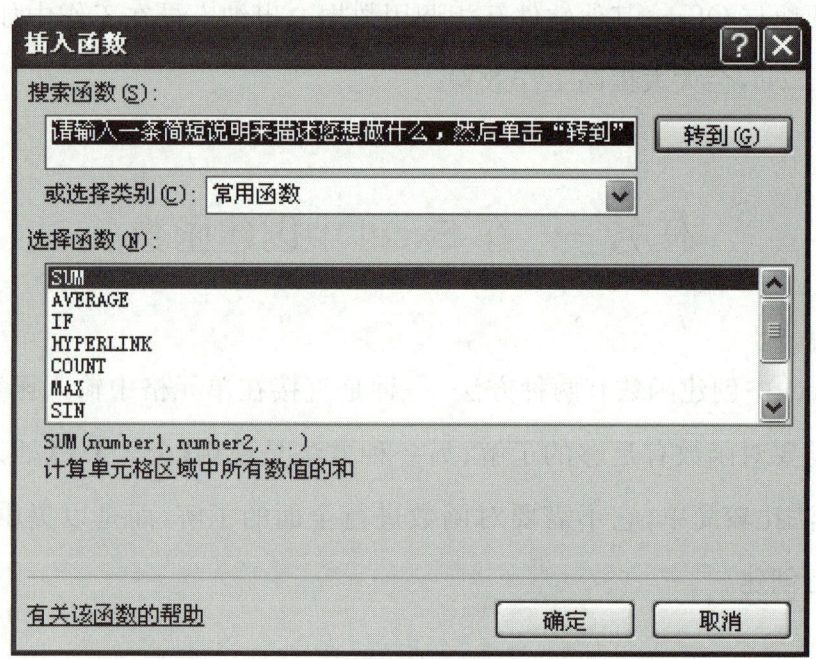

图 6-2　插入函数

最后，单击【确定】按钮，即可弹出【函数参数】对话框，在对话框中输入函数的参数，单击【确定】按钮，在单元格中就会显示计算结果。

任务二　在 Excel 中常用的函数

在 Excel 中常用的函数如表 6-1 所示。

表 6-1　　　　　　　　　　　　Excel 中常用的函数

函数	函数格式
求和函数 SUM	SUM(Number1，Number2，Number3，……)
求平均值函数 AVERAGE	AVERAGE(Number1，Number2，Number3，……)
求最大值函数 MAX	MAX(Number1，Number2，Number3，……)
求最小值函数 MIN	MIN(Number1，Number2，Number3，……)
净现值函数 NPV	NPV(Rate，Value1，Value2……)
终值函数 FV	FV(Rate，Nper，Pmt，Type)
IRR 函数（内部收益率函数）	IRR(Valuers，Guess)
DDB 函数（双倍余额递减法）	DDB(Cost，Salvage，Life，Period，Factor)
SLN 函数（直线折旧法）	SLN(Cost，Salvage，Life)

（1）求和函数 SUM，用于计算一系列单元格的总和。

例："＝SUM(A1:A10)"用于计算 A1 到 A10 单元格的总和。

（2）求平均值函数 AVERAGE，计算一系列单元格的平均值。

例："＝AVERAGE(B1:B10)"用于计算 B1 到 B10 单元格的平均值。

（3）求最大值函数 MAX，用于计算一组数值中的最大值。

例："＝MAX(A1:A10)"用于计算 A1 到 A10 单元格的最大值。

（4）求最小值函数 MIN，用于计算一组数值中的最小值。

例："＝MIN(C1:C10)"用于计算 C1 到 C10 单元格的最小值。

（5）净现值函数 NPV，用于计算一系列未来现金流的净现值。

例："＝NPV(10％，B1:B4)"（图 6-3），用于计算资本成本是 10％、初始投资为 10 000 元、前三年年末现金流量为 4 000 元、5 000 元、6 000 元时的净现值。

图 6-3 NPV 函数

(6) 终值函数 FV,用于计算一系列未来现金流的终值。

例:"=FV(0.04/12,120,500,0,0)",用于计算年利率 4%、每月末存入 500 元,连续存 10 年的储蓄账户的未来价值。

(7) IRR 函数(内部收益率函数),用于计算一系列现金流的内部收益率。内部收益率是使投资的净现值(NPV)等于零的贴现率。换句话说,它是投资成本等于现金流入现值的那个特定折现率。

(8) DDB 函数(双倍余额递减法),使用双倍余额递减法计算固定资产在指定期间内的折旧值。

(9) SLN 函数(直线折旧法),用于计算固定资产在指定期间内的直线折旧值。

任务三　在 Excel 中的引用

引用即在公式中用到了其他单元格在表格中的位置。引用的作用在于标识工作表中的单元格或单元格区域,并指明公式中所使用的数据的单元格位置。引用不同工作簿中的单元格称为链接。

1. 相对引用

相对引用也称为相对地址引用,是指在一个公式中直接用单元格的列标与行号来取用某个单元格中的内容。

例： 若想计算每家公司的欠款总数，则要计算 F 列的数据。图 6-4 中，在 F4 单元格中输入计算公式“=C4+D4+E4”，然后向下复制该公式即可。

	A	B	C	D	E	F
1		2023年11月应收账款一览表				
2						单位：元
3	序号	公司名	纯净水等	面包	牛奶	合计
4	1	乐康超市	8904.67	3026.49	5978.06	
5	2	富家超市	7438.91	2994.51	4013.57	
6	3	暖洋洋超市	2870.24	1557.39	2966.00	
7	4	家家乐超市	5437.89	3129.67	3299.01	

图 6-4 相对引用

2. 绝对引用

绝对引用是指在指定位置引用单元格。如果公式所在单元格的位置改变，绝对引用保持不变。绝对引用的形式是在引用单元格的列号与行号前面加“$”符号。例如，$A $1 就是对 A1 单元格的绝对引用。

例： 某品牌皮鞋批发商 3 月份的销售数据如图 6-5 所示，每双皮鞋的单价相同，若想计算各皮鞋代销商应支付的总金额，在 D6 单元格输入公式“=$C $3 * C6”即可。

D6 fx =C6*C3

	A	B	C	D	E
1		XX皮鞋批发商3月份销售情况			
2					
3		单价	300		
4					
5		代销商名称	销售数量	总金额	
6		李家庄老王鞋庄	50	15000	
7		七星岗何家鞋店	59	17700	
8		张庄李艳	56	16800	
9		北碚黄老板	89	26700	
10		大石坝美美百物	81	24300	
11		朝天门	46	13800	

Sheet1 Sheet2 Sheet3 就绪 100%

图 6-5 绝对引用

3. 混合引用

混合引用包括绝对列和相对行，以及绝对行和相对列，如 $A1 和 B$1。混合引用如图6-6所示。

图6-6　混合引用

4. 三维引用

对同一工作簿内不同工作表中相同引用位置的单元格或区域的引用称为三维引用。引用形式如下：

Sheet1:Sheet n! 单元格(区域)

> 例：Sheet1:sheet8! C5 和 Sheet1:Sheet8! B2:D6 都是三维引用，前者包括 Sheet1～sheet8 这8个工作表中每个工作表的 C5 单元格，后者包括此8个工作表中每个工作表的 B2:D6 区域。

> 例：出纳员计算从周一至周日每天的总支出，每天的支出记录在不同的工作表上，工作表的名字为："周一""周二"……"周日"，每个表格的 D5 单元格是每天的支出合计数。可以使用三维引用来快速汇总这些数据。在单元格中输入"=SUM(周一:周日! D5)"即可计算出本周的总支出。

> 例：想找出 sheet1、sheet2、sheet3 这三个工作表中 B2 单元格的最大值，可以在单元格中输入"=MAX(Sheet1:Sheet3! B2)"。这个公式会返回 Sheet1、Sheet2 和 Sheet3 中 B2 单元格的最大值。

5. 内部引用与外部引用

（1）引用相同工作表中的单元格。

例："＝G3－G5－G10＊10"

（2）引用同一工作簿不同工作表中的单元格。

例："＝Sheet1！G3－Sheet2！G5－Sheet2！E27"。

（3）引用已打开的不同工作簿中的单元格。

例："＝[Book1]Sheet1！L4－[Book2]Sheet2！E7"。

（4）引用未打开的不同工作簿中的单元格。

例："='C:\dk\[Book1.xlsx]Sheet2'！B4－'C:\dk\[Book1.xlsx]Sheet1'！C6"。

（5）同一公式中存在几种不同的引用。

例："＝[Book1]Sheet1！A4－Sheet1！G7－F9"。

 思政小课堂

Excel 不仅是数据处理的工具，也是提高工作效率、优化工作流程的重要手段。通过对 Excel 的熟练运用，我们不仅提升了个人的工作能力，也为企业的信息化管理贡献了力量。这不仅是对个人职业发展的投资，也是对国家信息化建设的支持。让我们以高效的工作，为国家的现代化建设添砖加瓦。

项目六练习纸 6-1

单选题

1. 在 Excel 中创建函数的方法不包括（　　）。
   A. 直接在单元格中输入函数内容
   B. 使用【公式】-【插入函数】命令
   C. 使用快捷键 F1
   D. 使用编辑栏上的插入图标 fx

2. 在 Excel 中，用于计算两个单元格数值的和的函数是（　　）。
   A. SUM   B. AVERAGE
   C. MAX   D. MIN

3. 在 Excel 中，用于计算一组数值的平均值的函数是（　　）。
   A. SUM   B. AVERAGE   C. COUNT   D. MAX

4. 在 Excel 中，会随着单元格位置的改变而改变的引用方式是（　　）。
   A. 绝对引用   B. 相对引用
   C. 混合引用   D. 三维引用

5. 在 Excel 中，用于引用同一工作簿内不同工作表中的单元格的引用方式是（　　）。
   A. 相对引用   B. 绝对引用
   C. 三维引用   D. 外部引用

6. 在 Excel 中，用于计算一组数值中的最大值的函数是（　　）。
   A. MAX   B. MIN   C. MEDIAN   D. MODE

7. 在 Excel 中，用于计算一组数值中的最小值的函数是（　　）。
   A. MAX   B. MIN   C. MEDIAN   D. MODE

8. 在 Excel 中,用于计算两个日期之间的差异(以天数表示)的函数是( )。
   A. DATEDIF　　　　　　　　　B. DATEDIFF
   C. DATEDIF　　　　　　　　　D. DAYDIFF

9. 在 Excel 中,用于查找一个值在一个范围内的位置的函数是( )。
   A. VLOOKUP　　　　　　　　　B. HLOOKUP
   C. LOOKUP　　　　　　　　　　D. MATCH

10. 在 Excel 中,用于根据一个条件对范围内的单元格进行求和的函数是( )。
    A. IF　　　　　　　　　　　　B. SUMIF
    C. COUNTIF　　　　　　　　　D. AVERAGEIF

项目六 练习纸 6-2

Excel 中常用的函数　练习纸一

请在 Excel 中利用公式计算表 6-2 中的销售额。

表 6-2　　　　　　　康宸公司 12 月份销售一览表

数据资料

序号	品名	规格	售价(元)	数量(箱)	销售额(元)
1	百岁山饮用天然矿泉水	348 ml * 24 瓶	41.90	13	
2	百岁山饮用天然矿泉水	570 ml * 24 瓶	51.90	12	
3	农夫山泉饮用天然水	380 ml * 24 瓶	32.90	33	
4	农夫山泉饮用天然水	550 ml * 24 瓶	33.90	8	
5	农夫山泉饮用天然水	1 L * 12 瓶	34.90	4	
6	农夫山泉饮用纯净水	550 ml * 24 瓶	24.90	13	
7	农夫山泉矿泉水运动盖	400 ml * 24 瓶	49.90	11	
8	农夫山泉矿泉水运动盖	535 ml * 24 瓶	83.90	10	
9	依云饮用天然矿泉水	330 ml * 24 瓶	165.00	8	
10	依云饮用天然矿泉水	500 ml * 24 瓶	185.00	7	
11	恒大冰泉矿泉水	350 ml * 24 瓶	54.90	8	
12	恒大冰泉矿泉水	500 ml * 24 瓶	53.00	8	
13	恒大冰泉矿泉水	500 ml * 12 瓶	29.90	7	
14	娃哈哈饮用纯净水	350 ml * 24 瓶	33.00	16	
15	娃哈哈饮用纯净水	596 ml * 24 瓶	36.00	20	
16	西藏冰川矿泉水旗舰款	330 ml * 24 瓶	109.00	3	
17	西藏冰川矿泉水旗舰款	500 ml * 24 瓶	149.00	5	
18	西藏冰川矿泉水旗舰款	1.5 L * 12 瓶	129.00	3	
19	西藏冰川矿泉水钻石款	330 ml * 24 瓶	179.00	2	
20	西藏冰川矿泉水钻石款	500 ml * 24 瓶	199.00	7	

项目六练习纸 6-2

Excel 中常用的函数　练习纸二

康宸公司出纳员王芳正在整理这两周公司收费窗口的数据,根据表 6-3,在 Excel 中利用公式计算每个收费窗口近两周收费的总和、平均值、最大值及最小值,并计算康宸公司近两周两个窗口每天收费的总和、平均值、最大值及最小值。

表 6-3　　　　　　　康宸公司 12 月份收费一览表

序号	日期	收费窗口一(元)	收费窗口二(元)	收费小计(元)
1	2024 年 1 月 1 日	2 105.63	1 840.67	3 946.30
2	2024 年 1 月 2 日	1 245.96	1 175.89	2 421.85
3	2024 年 1 月 3 日	1 381.30	1 267.81	2 649.11
4	2024 年 1 月 4 日	1 324.78	1 231.77	2 556.55
5	2024 年 1 月 5 日	1 289.64	1 193.52	2 483.16
6	2024 年 1 月 6 日	2 755.30	2 014.96	4 770.26
7	2024 年 1 月 7 日	2 374.12	2 002.73	4 376.85
8	2024 年 1 月 8 日	1 363.52	1 288.27	2 651.79
9	2024 年 1 月 9 日	1 300.15	1 146.79	2 446.94
10	2024 年 1 月 10 日	1 285.20	1 173.35	2 458.55
11	2024 年 1 月 11 日	1 247.46	1 120.76	2 368.22
12	2024 年 1 月 12 日	1 127.53	1 247.84	2 375.37
13	2024 年 1 月 13 日	2 463.78	2 433.74	4 897.52
14	2024 年 1 月 14 日	2 312.99	2 325.87	4 638.86
总计				
平均值				
最大值				
最小值				

项目七 出纳交接

出纳交接,是指企事业单位的出纳人员在调动或离职时,由离任的出纳人员将有关的工作和资料票证移交给继任出纳的工作过程。出纳人员凡因故调动、调职、请假前,均应向接替人员办理相关的交接手续,没有办理移交手续的,不得调动或离职。

任务一 交接前的准备工作

出纳人员办理交接手续主要有以下几个方面的原因。

（1）出纳人员辞职或离开原单位。

（2）企业内部工作变动不再担任出纳职务。

（3）出纳岗位轮岗调换到会计岗位。

（4）出纳岗位内部增加工作人员进行重新分工。

（5）因病假、事假或临时调用,不能继续从事出纳工作。

（6）因特殊情况如停职审查等按规定不宜继续从事出纳工作。

（7）企业因其他情况按规定应办理出纳交接工作,如企业解散、破产、兼并、合并、分立等情况发生时,出纳人员应向接收单位或清算组移交。

出纳人员办理移交手续前,必须及时做好以下工作。

（1）已经受理的经济业务尚未填制会计凭证的,应当填制完毕。

（2）尚未登记的账目,应当登记完毕,并在最后一笔余额后加盖经办人员印章。

（3）进行财产清查，账实相符后，在最后一笔余额后加盖私章。出现账实不符的，应限期查明原因并予以解决。

（4）整理应该移交的各项资料，对未了事项写出书面材料。

（5）编制移交清册，列明应当移交的会计凭证、会计账簿、会计报表、印章、现金、有价证券、支票簿、发票、文件、其他会计资料和物品等内容；实行会计电算化的单位，从事该项工作的移交人员应当在移交清册中列明会计软件及密码、会计软件数据磁盘（磁带等）及有关资料、实务等内容。

任务二　交接阶段

出纳人员的离职交接，必须在规定的期限内，向接管人员移交清楚。接管人员应认真按移交清册当面点收。

（1）现金、有价证券要根据出纳账和备查账簿余额进行点收。接管人发现不一致时，移交人要负责查清。

（2）出纳账和其他会计资料必须完整无缺，不得遗漏。如有短缺，由移交人查明原因，在移交清册中注明，由移交人负责。

（3）接管人应核对出纳账与总账、出纳账与库存现金和银行对账单的余额是否相符。如有不符，应由移交人查明原因，在移交清册中注明，并负责处理。

（4）接管人按移交清册点收公章（主要包括财务专用章、支票专用章和领导人名章）和其他实物。

（5）实行电算化的单位，必须将账页打印出来，装订成册，书面移交。

（6）接管人办理接收后，应在出纳账启用表上填写接收时间，并签名盖章。

在交接过程中，监交人必须在现场，监交人的职责主要有：

（1）审核交接的各类资产、文档资料、实物：监交人需要对移交的资产、文档资料和实物进行审核,确保交接内容的准确性和完整性。

(2) 及时发现问题并协同出纳人员和接管人拟定处理方案上报主管:在交接过程中,监交人要及时发现可能出现的问题,并与出纳人员和接管人一起制定解决方案,然后将问题和解决方案上报给主管领导。

(3) 参与财务工作交接的全过程:监交人需要参与整个交接过程,确保交接工作的顺利进行。

(4) 依据相关规定对移交过程进行监督:监交人要确保交接过程符合《会计法》及其他相关法律法规的规定,对移交过程进行监督。

(5) 必要时配合接受公司监察部门的审计:在某些情况下,监交人还需要配合公司监察部门对交接工作进行审计。

(6) 监交人员的审查和签名、盖章:移交清册应当经过监交人员的审查和签名、盖章,作为交接双方明确责任的证件。

(7) 保证交接双方处在平等的法律地位上享有权利和承担义务:监交人要确保交接双方在法律地位上平等,享有权利和承担义务,不允许任何一方以大压小,以强凌弱,或采取非法手段进行威胁。

《会计法》第39条规定"一般会计人员办理交接手续,由会计机构负责人(会计主管人员)监交"。因此,出纳人员在进行交接的时候,会计机构负责人作为监交人并履行相应的职责。

任务三 交接结束

交接完毕后,交接双方和监交人,要在移交清册上签名或盖章。移交清册必须具备:

(1) 单位名称。

(2) 交接日期。

(3) 交接双方和监交人的职务及姓名。

（4）移交清册页数、份数和其他需要说明的问题和意见。

移交清册一般一式三份，交接双方各执一份，存档一份。

出纳交接工作结束后，在交接前后各期的工作责任应由当时的经办人负责，主要体现在以下几个方面：

（1）接管人应认真接管移交工作，继续办理未了事项。

（2）接管人应继续使用移交后的账簿等资料，保持会计记录的连续性，不得自行另立账簿或擅自销毁移交资料。

（3）移交后，移交人对自己经办的已办理移交的资料负完全责任，不得以资料已移交为借口推脱责任。

《会计基础工作规范》第35条规定："移交人员对移交的会计凭证、会计账簿、会计报表和其他会计资料的合法性、真实性承担法律责任。"这是对会计工作交接后，交接双方责任的具体确定。移交人员所移交的会计资料是在其经办会计工作期间内发生的，应当对这些会计资料的合法性、真实性负责，即便接替人员在交接时因疏忽没有发现所接会计资料在合法性、真实性方面的问题，如事后发现，仍应由原移交人员负责，原移交人员不应以会计资料已移交而推脱责任。

任务四　移　交　表

移交表主要包括库存现金移交表、银行存款移交表、有价证券、贵重物品移交表、核算资料移交表和物品移交表，以及交接说明书等。

1. 库存现金移交表

根据现金库存实有数，按币种（分人民币和各种外币）、币别分别填入库存现金移交表内。库存现金移交表如表7-1所示。

表 7-1　　　　　　　　　　　　　　库存现金移交表

币种：　　　　　　　　移交日期：　年　月　日　　　　　金额单位:元　　第　页

币别	数量	移交金额	接受金额	备注
100 元				
50 元				
20 元				
10 元				
5 元				
2 元				
1 元				
5 角				
2 角				
1 角				

单位负责人：　　　　　移交人：　　　　　监交人：　　　　　接管人：

2. 银行存款移交表

银行存款又分为活期存款和定期存款，有的单位还可能在不同的银行开户。因此，填表时应根据账面数、实有数、币种、期限、开户银行等分别填写。银行存款移交表如表 7-2 所示。

表 7-2　　　　　　　　　　　　　　银行存款移交表

　　　　　　　　　　　　　移交日期：　年　月　日　　　　　金额单位:元　　第　页

开户银行	币种	期限(年)	账面数	实有数	备注
合计					

附:(1)银行存款余额调节表一份。(2)银行预留卡片一张。

单位负责人：　　　　　移交人：　　　　　监交人：　　　　　接管人：

3. 有价证券、贵重物品移交表

有价证券、贵重物品是出纳经管的单位财产，移交时，出纳移交人员应根据清理核对后的有价证券和贵重物品按品种、价值等分别登记。有价证券、贵重物品移交表如表 7-3 所示。贵重物品较多的单位可分别编制有价证券移交表和贵重物品移交表。

表 7-3　　　　　　　　　　有价证券、贵重物品移交表

移交日期：　年　月　日　　　　　　　　　　单位：元　　第　页

名称	购入日期	单位	数量	金额	备注
**债券					
**股票					
**票据					
**贵重物品					
**投资基金					

单位负责人：　　　　　　移交人：　　　　　　监交人：　　　　　　接管人：

4. 核算资料移交表

核算资料主要包括出纳账簿，收据、借据、银行结算凭证，票据领用、使用登记簿，以及其他文件资料等。核算资料移交表如表 7-4 所示。

表 7-4　　　　　　　　　　核算资料移交表

移交日期：　年　月　日　　　　　　　　　　　　　　第　页

名称	年度	数量	起止号码	备注
现金收入日记账				
现金支出日记账				
银行存款收入日记账				
银行存款支出日记账				
收据领用登记簿				
支票领用登记簿				
收据				
现金支票				
转账支票				

单位负责人：　　　　　　移交人：　　　　　　监交人：　　　　　　接管人：

5. 物品移交表

物品主要包括会计用品、公用会计工具等。物品移交表如表 7-5 所示。

表 7-5　　　　　　　　　　物品移交表

移交日期：　年　月　日　　　　　　　　　　单位：元　　第　页

名称	编号	型号	购入日期	单位	数量	备注
文件柜						
装订机						
复印机						
打印机						
保险柜						
照相机						
财务印章						

单位负责人：　　　　　移交人：　　　　　监交人：　　　　　接管人：

6. 交接说明书

交接说明书是把移交表中无法列入或尚未列入的内容做具体说明的文件。该说明书包括：交接日期、交接双方及监交人员的职务和姓名、移交清册页数、需要说明的问题和意见。交接说明书的格式如图 7-1 所示。

交接说明书

因原出纳员_____辞职，财务处已决定将出纳工作移交给_____接管。现办理如下交接手续：
一、交接日期：____年____月____日
二、具体业务的移交：
1. 库存现金：____年____月____日账面余额_____元，实存相符，月记账余额与总账相符；
2. 库存国库券_____元，经核对无误；
3. 银行存款余额_____元，编制"银行存款余额调节表"，核对相符。
三、移交的会计凭证、账簿、文件：
1. 本年度现金日记账一本；
2. 本年度银行存款日记账二本；
3. 空白现金支票____张(_____号至_____号)；
4. 其他事项。
四、印鉴：
1. 公司财务处转讫印章一枚；
2. 公司财务处现金收讫印章、付讫印章各一枚。
五、交接前后工作责任的划分
____年____月____日前的出纳责任事项由_____负责；____年____月____日起的出纳工作由_____负责。以上移交事项均经交接双方认定无误。
六、本交接书一式三份，双方各执一份，存档一份。
移交人：_____（签名盖章）
接管人：_____（签名盖章）
监交人：_____（签名盖章）

　　　　　　　　　　　　　　　　　　　　　财务处（公章）
　　　　　　　　　　　　　　　　　　　　　____年____月____日

图 7-1　交接说明书

 思政小课堂

出纳交接是企业财务工作连续性的重要保证。通过对工作内容的细致交接,我们不仅确保了财务工作的无缝对接,也体现了对企业责任的传承。这不仅是对个人职业道德的考验,也是对国家财经纪律的尊重。让我们以负责任的态度,确保工作的连续性和稳定性,为国家的经济发展贡献力量。

项目七练习纸 7-1

单选题

1. 出纳交接通常发生在(   )。

    A. 出纳人员辞职或离开原单位

    B. 出纳人员晋升为会计

    C. 出纳岗位轮岗调换到会计岗位

    D. 所有上述情况

2. 出纳交接前,必须完成的工作不包括(   )。

    A. 填制完毕已受理的经济业务的会计凭证

    B. 登记完毕尚未登记的账目

    C. 整理应该移交的各项资料

    D. 完成下个季度的财务预算

3. 在出纳交接过程中,接管人员应核对的内容不包括(   )。

    A. 现金和有价证券的余额

    B. 出纳账与其他会计资料的完整性

    C. 出纳账与总账、库存现金和银行对账单的余额是否相符

    D. 公司员工的出勤记录

4. 出纳交接时,需要移交的物品不包括(   )。

    A. 现金   B. 有价证券

    C. 支票簿   D. 员工培训手册

5. 出纳交接后,应由接管人承担的责任不包括(   )。

    A. 继续办理未了事项

    B. 保持会计记录的连续性

C. 对已移交资料的合法性和真实性负责

D. 继续使用移交后的账簿等资料

6. 出纳交接时,必须编制的文件是(　　)。

   A. 财务报表　　　　　　　　B. 移交清册

   C. 税务申报表　　　　　　　D. 资产负债表

7. 出纳交接后,应由接收人负责的工作是(　　)。

   A. 销毁移交的资料

   B. 另立新账簿

   C. 继续使用移交后的账簿等资料

   D. 推脱之前未完成的工作

8. 在出纳交接过程中,监交人的作用是(　　)。

   A. 核对移交清册　　　　　　B. 监督交接过程

   C. 处理未了事项　　　　　　D. 所有上述情况

9. 出纳交接后,移交人(　　)。

   A. 仍对自己经办的已办理移交的资料负有责任

   B. 不会再对自己经办的已办理移交的资料负有责任

   C. 仅对未移交的资料负责

   D. 仅对移交过程中发现的问题负责

10. 出纳交接时,移交表不包括(　　)。

    A. 库存现金移交表

    B. 银行存款移交表

    C. 有价证券、贵重物品移交表

    D. 员工工资表

项目七练习纸 7-2

案例题

1. 康宸公司出纳员王芳因个人原因决定离职,需要与接任的出纳员赵蕾进行工作交接。

   问题:

   (1) 王芳在离职前需要完成哪些准备工作?

   (2) 赵蕾在接收工作时应注意哪些事项?

2. 康宸公司出纳员王芳因突发疾病需要请病假一周,其工作需临时交接给同事张营。

   问题:

   (1) 王芳在请假前需要如何处理工作?

   (2) 张营在接手王芳的工作时应注意哪些方面?

3. 康宸公司决定进行岗位轮换,出纳员王芳需将其工作交接给杨阳。

    问题:

    (1) 王芳在交接前需要完成哪些工作?

    (2) 杨阳在接手新岗位时需要注意什么?

4. 康宸公司与康静公司合并后,原公司出纳员王芳需将其工作交接给新公司出纳李乐。

    问题:

    (1) 王芳在交接前需要做哪些准备工作?

    (2) 李乐在接手工作时应注意哪些事项?

5. 出纳员王芳因病需长期休假,其工作需交接给王爽。

    问题:

    (1) 王芳在交接前需要完成哪些工作?

    (2) 王爽在接手工作时应注意哪些事项?

6. 康宸公司业务扩展，出纳岗位新增一人，出纳员王芳需将其部分工作交接给新入职的孙洪。

   问题：

   (1) 王芳在交接前需要做哪些准备工作？

   (2) 孙洪在接手新工作时需要注意什么？

7. 出纳员冯青因涉及财务问题需停职审查，其工作需交接给郭红。

   问题：

   (1) 冯青在交接前需要完成哪些工作？

   (2) 郭红在接手工作时应注意哪些事项？

8. 康静公司决定解散，出纳员李博需将其工作交接给清算组。

   问题：

   (1) 李博在交接前需要完成哪些工作？

   (2) 清算组在接手工作时应注意哪些事项？

9. 康静公司因经营不善宣告破产,出纳员李博需将其工作交接给破产管理人。

问题:

(1) 李博在交接前需要完成哪些工作?

(2) 破产管理人在接手工作时应注意哪些事项?

项目八　ERP系统操作与智能软件的使用

随着数字化时代的发展，出纳岗位对出纳人员的技能要求日益提高。ERP系统的广泛使用和豆包、DeepSeek等智能软件的出现使出纳人员工作的方式发生越来越多的变化。出纳人员要紧跟时代步伐，学习使用新的工具，才能在职场中立足。

任务一　ERP系统的使用

企业资源计划（enterprise resource planning，ERP）系统能够研究在资源有限的情况下，如何实现利润最大化。ERP系统中包括财务会计、供应链管理、生产管理、人力资源管理、客户关系管理等。其中财务会计系统是采用现代信息技术，对企业生产经营过程中的业务数据进行采集、加工、整理、传输，以便系统地、连续地、综合地反映企业经营活动的全过程，以达到客观地反映过去、实时地控制现在、准确地预测未来的目的。

ERP系统是企业提高财务管理水平的重要工具，出纳人员熟练使用ERP系统，能够提高工作效率、融入公司的财务管理。下面以用友U8软件为例，讲解如何使用软件查询现金日记账和银行存款日记账。

1. 查询现金日记账

在主菜单中单击"财务会计"—"现金管理"—"账表查询"—"现金日记账"，系统打开"现金日记账"窗口，进入如图8-1所示的查询现金日记账界面。

项目八　ERP系统操作与智能软件的使用

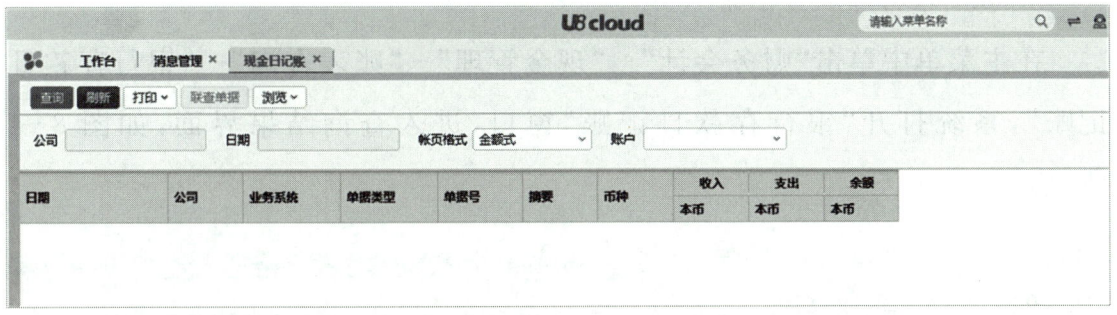

图 8-1　查询现金日记账

点击"查询"按钮,弹出查询条件窗口,如图 8-2 所示。

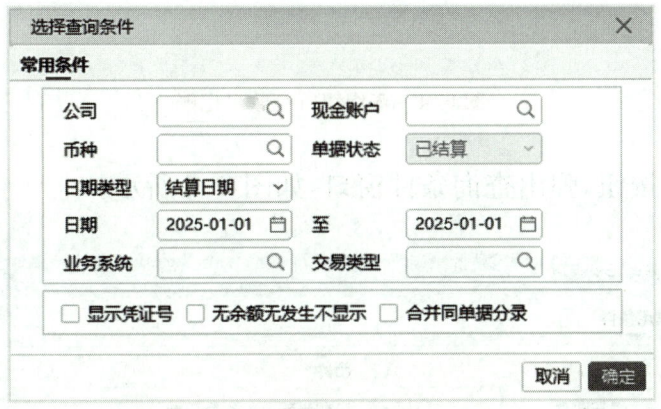

图 8-2　选择现金日记账查询条件

在查询条件窗口中,输入查询条件后点击"确定"按钮,显示出查询结果,如图 8-3 所示。

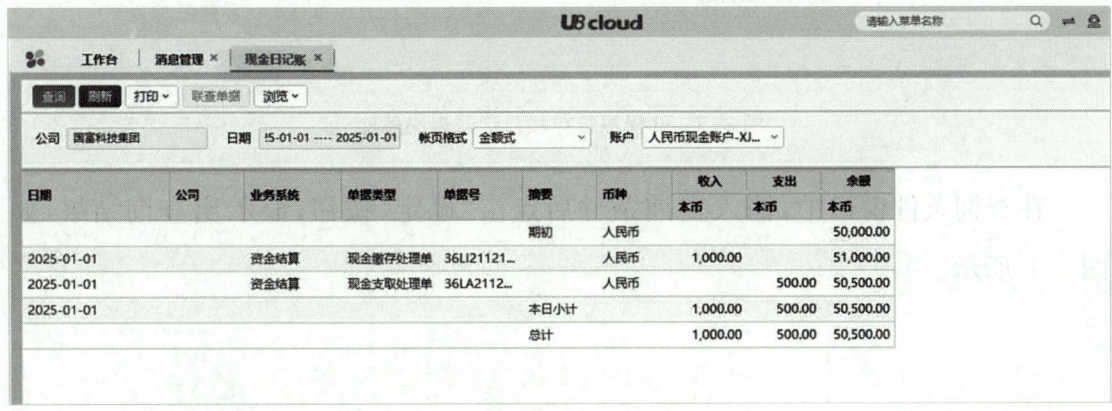

图 8-3　现金日记账查询结果

2. 查询银行存款日记账

在主菜单中单击"财务会计"—"现金管理"—"账表查询"—"银行存款日记账",系统打开"银行存款日记账"窗口,进入查询结果界面,如图8-4所示。

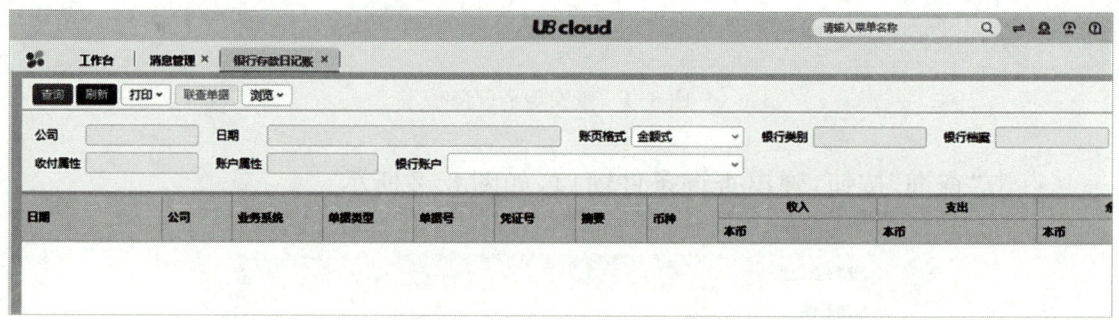

图8-4　查询银行存款日记账

点击"查询"按钮,弹出查询条件窗口,如图8-5所示。

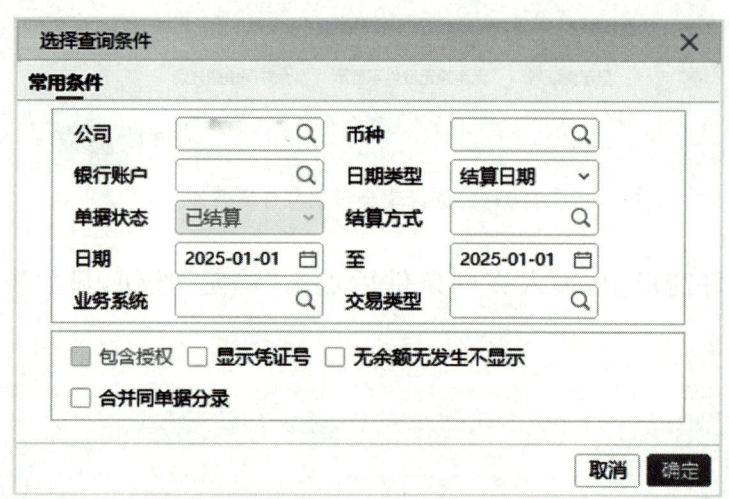

图8-5　选择银行存款日记账查询条件

在查询条件窗口中,输入查询条件后点击"确定"按钮,显示出查询结果,如图8-6所示。

项目八　ERP 系统操作与智能软件的使用

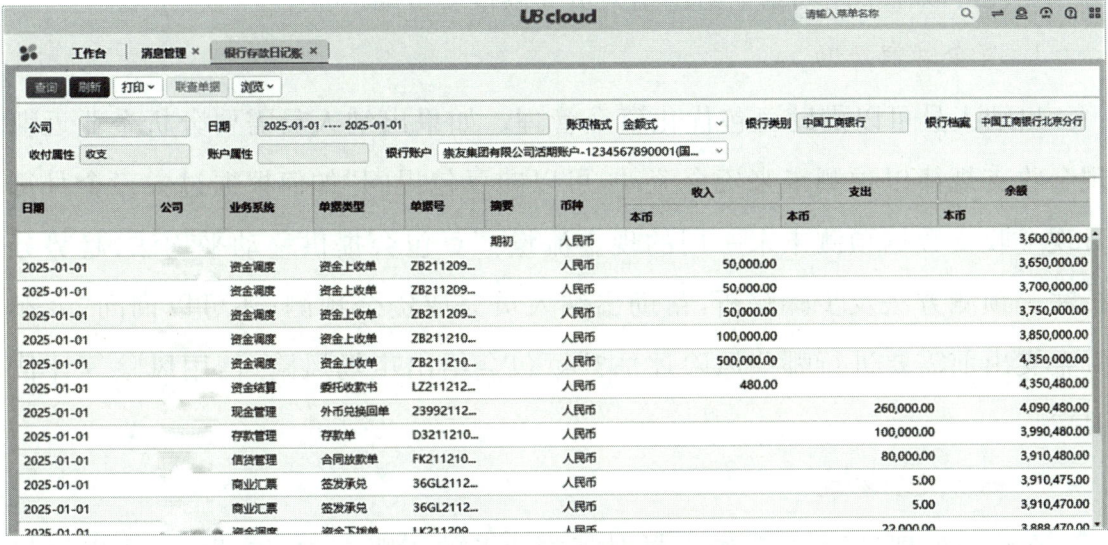

图 8-6　银行存款日记账查询结果

任务二　豆包的使用

豆包是字节跳动(广东)网络科技有限公司基于云雀模型开发的人工智能工具,具有聊天机器人、写作助手等功能,它可以回答各种问题并进行对话,帮助人们获取信息。豆包支持网页 Web 平台,iOS 以及安卓平台。豆包的对话界面如图 8-7 所示。

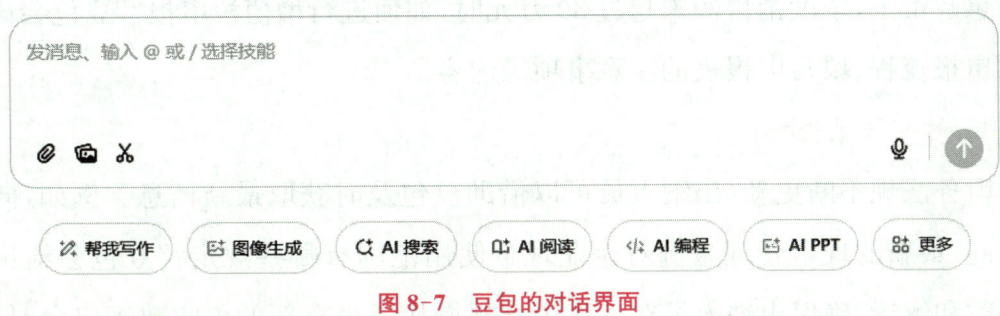

图 8-7　豆包的对话界面

豆包可以在不同场景下给出纳人员提供很多帮助。

1. 资金管理协助

出纳人员可以借助豆包优化资金管理。如果出纳人员需要分析企业近期现金收支规律以预测未来资金流动,可以向豆包提问"如何根据过去三个月每日现金收支数据预测未来一周的现金流量?"豆包会提供移动平均法、趋势分析法等预测方法及步骤解析,帮助出纳人员完成资金预测;还可以询问"大额资金支出前需要进行哪些风险评估?"豆包会给出市场风险、信用风险等评估要点。

2. 账务处理答疑

在账务处理过程中,出纳人员对某些业务的记账方式存在疑问,可以豆包提问,如"企业收到客户以银行承兑汇票支付的货款,出纳该如何进行账务处理?"豆包会详细阐述从收到汇票到汇票兑现或背书转让等各环节的账务处理分录,帮助出纳人员准确记账。如果对银行对账单与企业日记账不符的情况不知如何处理,询问豆包"银行对账单和企业日记账有差异,怎么查找原因并调整?"豆包会列举未达账项、记账错误等常见原因及对应的排查和调整方法。

3. 税务知识解惑

在涉及税务相关事务时,可利用豆包获取专业解答。比如提问"企业销售商品,适用13%增值税税率,在计算增值税时,含税销售额和不含税销售额如何换算?"豆包会给出计算公式和示例说明。还可以向豆包询问"小规模纳税人在税收优惠政策下,季度销售额未超过30万元时,如何进行增值税申报?"豆包会详细介绍申报流程、填写申报表的注意事项等内容。

4. 财务法规查询

财务法规不断更新,出纳人员可以借助豆包及时获取最新信息。例如,向豆包提问"最新的现金管理条例对企业现金使用范围有哪些规定?"豆包会给出具体条款和解读,确保出纳人员在工作中合规操作。当有新的税收政策出台时,可以询问豆包"新的税收政策对企业发票开具和使用有什么影响?"豆包会分析政策变化点及对出纳发票管理工作的具体要求。

5. 财务工具推荐与使用

出纳人员可以向豆包咨询适合出纳工作的智能工具。如提问"有没有好用的免费发票管理软件?"豆包会推荐如发票助手等软件,并介绍其功能特点和使用方法,帮助出纳人员提升工作效率。还可以询问"哪些电子表格插件能辅助出纳进行复杂数据处理?"豆包会推荐方方格子等插件,并讲解其数据处理功能的使用技巧。

任务三　DeepSeek 的使用

DeepSeek 是杭州深度求索人工智能基础技术研究有限公司开发的智能软件,主要用于信息检索、数据分析和智能问答,其凭借强大的数据处理能力和智能化功能,可以在日常办公中提高工作效率。

在出纳的日常工作中经常会整理很多票据,这项工作非常耗费精力,出纳人员可以借助 DeepSeek 实现票据的快速整理。

打开 DeepSeek 的网页端(网址:chat.deepseek.com),界面如图 8-8 所示。

图 8-8　DeepSeek 界面

在 DeepSeek 界面中点击"深度思考"。"深度思考"功能的开启,使 DeepSeek 在进行问题解答时,能够更加深入和全面地对问题进行分析,会尝试提供更加详尽、深入的回答。

点击对话框右下方的"添加附件"按钮(图 8-9),选中需要整理的票据,点击"打开",就可以将需要整理的票据上传到 DeepSeek,如图 8-10 所示。

图 8-9　添加附件按钮

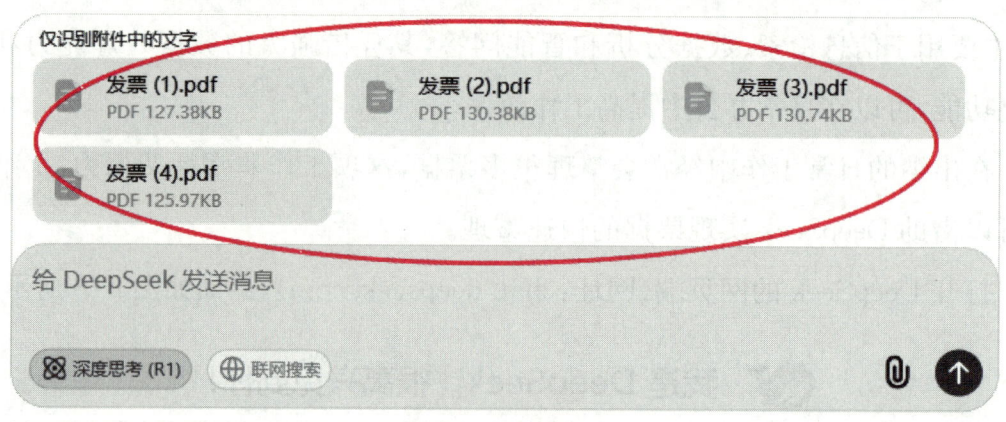

图 8-10　添加附件

在对话框中编辑信息,给 DeepSeek 指令。比如,请识别附件中的四张发票,并将相关信息整理到 Excel 表格中,包含的信息有开票日期、销售方名称、项目名称、数量、单价、金额、税率/征收率、税额、价税合计小写,并在表格中合计总金额。输入完毕,点击对话框向上的箭头。

DeepSeek 经过分析,会将思考过程和结果列示到界面上,DeepSeek 返回信息如表 8-1 所示,将图片中的信息直接复制粘贴到 Excel 即可。

项目八　ERP系统操作与智能软件的使用

表 8-1　DeepSeek 返回信息　　　　　　　　　　　金额单位：元

开票日期	销售方名称	项目名称	数量	单价	金额	税率/征收率	税额	价税合计（小写）
2024-11-13	福州京营电子商务有限公司	日用杂品磁吸线条小狗	20.8	8.48	176.44	1%	1.76	178.20
2024-11-15	北京亿通达搬家有限公司	物流辅助服务人工劳务	1	6 024.53	6 024.53	6%	361.47	6 386.00
2025-02-21	华北利涛(北京)办公设备有限公司	计算机配套产品打印机	1	108.91	108.91	1%	1.09	110.00
2024-11-30	北京印艺坊印刷技术有限公司	印刷服务（推测）	1	471.70	471.70	6%	28.30	500.00

合计总金额（价税合计小写）：
- 总计：7 174.20 元

思政小课堂

在数字化浪潮下，熟练掌握ERP系统与智能软件成为出纳岗位的关键技能。这不仅是提升个人工作效率的途径，更是为企业的现代化管理注入活力。当我们精准运用这些工具处理财务数据时，我们同时也是在为企业的稳定发展筑牢根基。这背后，是对企业资源合理配置的责任担当，也是对国家经济数字化转型的积极助力。让我们以严谨的专业态度，学好用好这些技术，为个人职业成长积累经验，为国家经济建设贡献力量。

写给刚入职的你

（1）支付现金时，尽量给经办人较新的钞票，将破旧的钞票和银行更换。

（2）临近过年，提前向银行预约新钞，办理报销业务的时候，向经办人支付新钞，方便别人过年时发红包。好人缘是一点一点建立的。

（3）如果条件允许，离开桌子之前要锁上抽屉，桌面上不要有现金、空白支票、章等物品。下班时所有现金、支票、章都要放入保险柜。安全意识时刻要谨记。

（4）新的业务不知如何办理，打电话询问银行。

（5）如果你既是现金出纳也是银行出纳，去银行办理业务之前，可以将两张支票交给同事，以备急用。交接的时候别忘记填写交接单。

（6）学习财务软件的操作，更快捷地找到所需要的数据。

（7）如果你是银行出纳，一定和银行保持良好的关系，毕竟每天都要打交道，银行提供的便利可能会让你少排两个小时的队。

（8）对人要热情，微笑服务，没有人愿意看别人的臭脸。

（9）新入职，要谦虚，多向别人学习。

（10）工作的同时不要放弃科研，科研能够促进工作。

（11）理论和实践要紧密结合。

（12）不要只做"算账先生"，要向"财务分析"靠近。

（13）如果可能，参加前沿的会议，以免在会计领域落后，"闭门造车"是不可取的。

（14）不在背后议论别人，做人比做事更重要。

（15）做财务，先稳重后细心，是王道。

参 考 文 献

[1] 丛秀云,徐俊. 出纳岗位实务[M]. 北京:中国财政经济出版社,2021.

[2] 陈文玉. 出纳实操从新手到高手全新案例版[M]. 北京:中国铁道出版社,2021.

[3] 喻竹,孙一玲,李洁,孔祥威. Excel在会计中的应用[M]. 北京:高等教育出版社,2019.

[4] 潘上永,刘蕾,柯霜. 基础会计[M]. 北京:高等教育出版社,2022.